CHALETS MIT STIL

CHALETS MIT STIL

Fotografien: **Reto Guntli** *und* **Agi Simoes**
Texte: **Christine Marie Halter-Oppelt**

Mit einem Vorwort von
Fiona Thyssen-Bornemisza

KNESEBECK

INHALT

6   **VORWORT** von Fiona Thyssen-Bornemisza

8   **SCHATZTRUHE**
        Caroline Freymond, Saanen

20   **HAUS DER MORGENRÖTE**
        Hom Le Xuan, Gstaad

28   **FERN DER HEIMAT**
        Rucha de Almeida, Gstaad

38   **DAS FRAUENHAUS**
        Rougemont

46   **ZARTE FARBEN, STARKER CHARAKTER**
        Egberdina Aardenburg, Saanen

58	**KARIBISCHE KLÄNGE** Francesca von Habsburg, Flendruz			
66	**DURCH DIE BLUME** Michelle Nussbaumer, Saanen			
78	**HEIMETLI** Magdalena und Beat Stuber, Feutersoey			
88	**UNTER STROM** Antonie Bertherat-Kioes, Gruben			
100	**WEISS WIE SCHNEE, GRÜN WIE GRAS** Tino Zervudachi, Gstaad			
106	**DIE PARISERIN** Sophie Prezioso, Saanen			
118	**EIN ORT DER GASTLICHKEIT** Nachson Mimran, Schönried			
124	**WAHLVERWANDTSCHAFTEN** Urs von Unger, Saanen		174	**IM REICH DER ZAREN** France Majoie-Le Lous, Gstaad
134	**KULTURPLATZ** Saanen		182	**SCHMUCKSTÜCK** Carol Asscher, Gstaad
140	**GLÜCKLICHE WENDUNG** Anne und Janos Lux, Chalberhöni		190	**WEICHE SCHALE, HARTER KERN** Thierry Lemaire, Gstaad
150	**QUALITY TIME** Olivier Bizon, Gstaad		200	**EINE DAME VON WELT** Fiona Thyssen-Bornemisza, Rougemont
158	**EAST MEETS WEST** Alexa und Onno Poortier, Château-d'Œx		208	**LANDLIEBE** Susanne von Meiss, Gruben
164	**KONSTRUKTIVER DIALOG** Alexandra de Garidel-Thoron, Gstaad		214	**AM ENDE DES TALS** Christina Seilern, Lauenen

VORWORT von Fiona Thyssen-Bornemisza

Es war im Jahr 1965, als ich Gstaad zum ersten Mal besuchte. Freunde hatten mir das Internat Institut Marie-José für meine Tochter empfohlen. So kam es, dass ich alle paar Wochen mit meinem Mini von St. Moritz ins Saanenland fuhr. Im Sommer war die Fahrt großartig. Jedes Mal wählte ich eine andere Route und lernte verschiedenste Alpenpässe kennen. Oft fuhr ich über Stunden, ohne einer Menschenseele zu beggegnen. Die – aus heutiger Sicht – schneereichen Winter entpuppten sich als Herausforderung. Vierradangetriebene Autos gab es keine, stattdessen hatte man Reifen mit Spikes. Bei schlechter Witterung waren nur die Autobahnen befahrbar. Auf den langen Strecken fror nicht selten mein Gaspedal ein, und ich musste es mit der Hand wieder nach oben ziehen.

Also verbrachte ich bald mehr Zeit in Gstaad, das damals noch ein kleines Dorf mit die schmale Hauptstraße säumenden Holzchalets war. Am Nachmittag musste man Geduld haben. Die heimkehrenden Skifahrer brachten den Verkehr fast vollständig zum Erliegen. Es gab nur ein winziges Kino, in dem wöchentlich ein Film gezeigt wurde. Das änderte sich, als die großzügige und wunderbare Julie Andrews ein neues Filmtheater bauen ließ. Nun wechselte das Programm drei Mal pro Woche. Die britische Schauspielerin war es auch, die vorschlug, an den Giebeln der Häuser die für die Region heute typischen Lichterketten anzubringen.

Man traf sich im Hotel Palace oder im Hotel Olden. Doch am liebsten erinnere ich mich an die privaten Einladungen. Viele meiner Freunde lebten in Rougemont, wo ich über Jahre Häuser mietete und schließlich selbst ein altes Chalet kaufte. Hier wurde ich mit meiner Familie immer herzlich aufgenommen. Das Skifahren gestaltete sich ganz anders als im hochalpinen St. Moritz, aus dem ich kam. In Gstaad blieb man unter der Waldgrenze. Alles schien sanfter und intimer. Auf den Pisten waren viel weniger Leute unterwegs.

Wer in den Bergen lebt, kann nicht anders, als sich ihrer spektakulären Schönheit hinzugeben. Die ständige Präsenz mächtiger Felsformationen und schützender Täler erzeugt das Gefühl, mit der Natur im Einklang zu sein. Man wird Demut gelehrt. Das tut der Seele gut. Nach meinem verrückten Jetset-Leben half mir diese ungetrübte Umgebung, die Füße wieder auf den Boden zu bekommen. Ich liebe die Sommer mit ihren grünen, von wilden Blumen übersäten Wiesen, der frischen, belebenden Luft und den Nebelschwaden, die sich am frühen Morgen an die Flanken der Berge schmiegen. Ich liebe die glitzernde Pracht von frisch gefallenem Schnee, der in wenigen Momenten eine komplette Berglandschaft in eine weiße Traumwelt verwandelt.

Gstaad hat sich in den vergangenen Jahrzehnten stark verändert. Aber es verlor weder an Authentizität noch an Identität. Der Wandel ist wichtig, um Besucher aus aller Welt anzuziehen. Sie halten den Ort am Leben. Für ein anspruchsvolles Publikum wurden entsprechende Unterhaltungsangebote geschaffen. Das Menuhin Festival bietet Musikgenuss auf höchstem Niveau. Vielleicht wird es eines Tages sogar von einer großen Konzerthalle gekrönt. Aber auch die sportlichen Anlässe und Aktivitäten haben Bedeutung. Selbst ich wagte es kurz nach meinem 80. Geburtstag, an einem Gleitschirm den Berg hinabzufliegen – mit dem Gedanken, dass ich, sollte ich nicht aus Angst auf der Stelle sterben, noch viele gute Jahre vor mir haben werde.

Als Kind schottischer Eltern wurde ich in Neuseeland geboren und verbrachte einen Teil meiner Jugend im Nachkriegsdeutschland. 1956 heiratete ich im Tessin in Lugano. Meine beiden Kinder wurden Schweizer, und auch ich besitze einen Schweizer Pass. Ich habe in vielen Länder gelebt, und wenn ich danach gefragt werde, welches ich bevorzuge, antworte ich: Ich bin immer dort am glücklichsten, wo ich mich gerade aufhalte. Ich lebe in der Gegenwart und sehne mich nie nach anderen Orten, Menschen oder Dingen.

SAANEN

SCHATZTRUHE

Die Galeristin Caroline Freymond bringt in ihrem Haus in Saanen Handwerk, Kultur und Kunst unter ein Dach. Ihre Sammlung von Möbeln und Dekorationsobjekten ist so einzigartig wie erlesen.

Schon die historische Fassade verspricht ein besonderes Innenleben. Und nach dem Eintreten – da hält das Haus alle Versprechen. Dass das so ist, verdankt dieses Anwesen außerhalb von Saanen jenen, die es vor mehr als 300 Jahren erbaut haben, und der Familie, die es vor zwölf Jahren kaufte und mit viel Liebe, Geduld und Einsatz wiederherstellte. Wenn sich jemand zu solch einer Reise entschließt, weiß er nicht von vornherein, wo sie enden wird. Ob nicht vielleicht manche Überraschung am Wegesrand wartet oder die Fahrt zeitweise beschwerlich wird. Wahrscheinlich gehört das alles sogar zum Wagnis dazu, das der eingeht, den das Fernweh treibt.

Der Vergleich könnte nicht passender sein, denn Caroline Freymond bereiste tatsächlich viele Orte, um all die Kostbarkeiten zusammenzutragen, mit denen sie ihr Haus füllt. Ganze zwei Jahre widmete sie sich fast ausschließlich der Suche nach Einzelstücken, Besonde-

Vorherige Doppelseite: Das Anwesen der Freymonds liegt oberhalb von Saanen zwischen Bauernhöfen, Weiden und Wohnhäusern. Die alte Holzfassade ist typisch für das Berner Oberland.
Oben: Die Eingangshalle liegt in der untersten Etage des Hauses. Ihr weißes Gewölbe ist dem alter Engadiner Häuser nachempfunden.
Rechts: Im Erdgeschoss ist auch eine rustikale Küche untergebracht.
Rechte Seite: Eines der Schlafzimmer prunkt mit alpenländischen Antiquitäten. Belgisches Leinen und Bauerntrachten ergänzen das Ensemble.

»WIR HABEN UNS BEIM ENTREE AN DER ARCHITEKTUR DER ALTEN ENGADINER HÄUSER ORIENTIERT.«

rem und Inspirationen. Als Krönung brachte sie sogar eine belgische Künstlerin mit ins Saanenland, um ihr Haus aufs Schönste schmücken und ausstatten zu lassen. Isabelle de Borchgrave arbeitete über mehrere Monate an den Schablonenbemalungen der Wände und den damit korrespondierenden handbedruckten Stoffen und bemalten Möbeln. Sie bilden sozusagen den Rahmen für die Interieurs des alten Hauses.

Das sinnliche Erlebnis der Entdeckung beginnt bereits im Entree, das sich im gemauerten Sockel des Hauses befindet. Hier, wo einst Kühe und Schweine standen, Gerätschaften abgestellt und bäuerliche Arbeiten verrichtet wurden, spannt sich heute ein helles Gewölbe über einen Boden aus Kalksteinplatten. Der Putz an den Wänden trägt die Handschrift seiner meisterlichen Erstellung: Die Kanten wurden fein und gerade gezogen, auf den Flächen sind die Spuren des Spachtels zu erkennen. Die Vorbilder für diesen Raum befinden sich im 400 Kilometer östlich gelegenen Kanton Graubünden. »Wir haben uns bei der Gestaltung an der Architektur der alten Engadiner Häuser orientiert«, erzählt Caroline Freymond. Von diesem zentralen Raum gehen die Wirtschaftszimmer ab. Dazu gehört auch eine rustikale Küche mit einem alten Steintrog als Waschbecken, einem rohen Holztisch und vier Medaillon-Stühlen. Die roten Wände tragen goldene Blumenranken. Hier können sich die beiden Töchter Noémi (21) und Ludivine (20) versorgen. Ihre Schlafzimmer liegen jedes auf einer Seite der Halle. Das Mobiliar, das hier zusammenkommt, ist exemplarisch für das gesamte Interieur des Hauses. Antike schwedische Standuhren, alte Bauernschränke aus Süddeutschland, österreichische Hinterglasmalerei und ein bemaltes Bett, das aussieht, als hätten schon Generationen in ihm den Schlaf gefunden. Doch weit gefehlt. Es wurde neu angefertigt und bemalt. Die Vorlagen dafür und auch jene für die farbliche Gestaltung des Erdgeschosses entdeckte Caroline Freymond in einem Buch über Häuser in Griechenland. Tochter Noémi, die in London Kunstgeschichte studiert und einige Zeit als Praktikantin im Studio von Isabelle de Borchgrave in Brüssel verbrachte, wirkte selbst an deren Entstehung mit.

Schon im Erdgeschoss ziehen einige Stillleben an den Wänden den Blick des aufmerksamen Betrachters

Unten: Das mit Stoff bezogene Schwein stammt vom belgischen Konzeptkünstler Wim Delvoye.
Rechts: Im Wohnzimmer steht eine mit rotem Leinen bezogene Sitzgruppe. Sie harmoniert mit den Korallenzweigen und den chinesischen Lackarbeiten, die überall im Raum verteilt sind.

auf sich. Sie sind nicht etwa gemalt. Die Blumenzweige wurden aus Stoff geformt, appliziert und teilweise mit Perlen bestickt. Was die Italienerin Patrizia Medail hinter Glas bannt, entsteht aus verschiedensten textilen Fundstücken, die unter ihren Händen zu einem neuen, reizvollen Ganzen gedeihen. Im Stockwerk darüber, wo die Gesellschaftsräume liegen, spiegeln Medails Arbeiten mit Meeresmotiven das Thema des ganzen Zimmers. Überall sind rote Korallenäste auf schmucken Ständern aus Marmor, Messing und Holz zur Schau gestellt, Sessel und Sofas tragen den gleichen leuchtenden Ton. Sie schaffen zusammen mit chinesischen Keramikvasen und Lackarbeiten eine vibrierende Atmosphäre, die vom gleißenden durch Schnee und Eis reflektierten Licht, das durch die Fenster hereinströmt, noch angefeuert wird. Im Sommer bildet das Korallenrot gar den Komplementärkontrast zu den grünen Wiesen vor dem Haus.

Durch das Spielkabinett, in dem ein alter Ofen mit ländlichen Szenen – auf jeder Kachel eine andere – steht, gelangt man ins Speisezimmer. Die antiken Nussbaumstühle stammen aus einem Berner Bürgerhaus. Den Tisch bedeckt eine bestickte Decke aus dem Iran. Solche Stücke gehörten dort früher zur Aussteuer. Der Tafelaufsatz, der im Zentrum Platz gefunden hat, besteht aus kunstvoll geformten und kolorierten Porzellanblüten und -blättern. Gefertigt wurden sie von den beiden Franzosen Didier Gardillou und Samuel Mazy, die in Paris die alte Kunst des Porzellan-Floristen wiederaufleben lassen. Aus Venedig wiederum stammen die gefasste und vergoldete Konsole mit schwerer Marmorplatte sowie die zahlreichen Fayence-Teller an den Wänden.

Hier fand diesen Winter ein Abendessen für 20 Personen statt. Caroline Freymond hatte einen russischen Künstler eingeladen, in ihrem Haus auszustellen. Passend zu seiner Herkunft kamen Borschtsch, Bœuf Stroganoff mit Kartoffelpüree, Gurken und Trüffel auf den Tisch. Als Dessert wurde eine Pavlova serviert, eine nach der russischen Ballerina Anna Pawlowa benannte Baisertorte mit Sahne und Früchten. Seitdem Eric Freymond sich vor ein paar Jahren aus dem Bankgeschäft zurückgezogen hat, verfolgt das Ehepaar philanthropische Projekte. So initiierten sie beispielsweise auch eine Installation der französischen Malerin Monique Frydman in Genf. Weitere Ausstellungen in Gstaad sind in Planung. Dafür bietet sich der große Poolbereich an, der die ehemalige Scheune einnimmt. Er geht bis unter den Dachfirst. Über eine Galerie hat man von hier aus direkten Zugang zur zweiten Etage des Hauses, wo sich Schlafzimmer an Schlafzimmer reiht. Nicht nur ihre bemalten Decken sorgen für Gemütlichkeit, sondern auch die Betten, von denen zwei einem »Lit à la Polonaise« nachempfunden sind. Jedes trägt einen üppigen Himmel aus schwerem, gemustertem Stoff.

GANZE ZWEI JAHRE WIDMETE
CAROLINE FREYMOND SICH
FAST AUSSCHLIESSLICH DER
SUCHE NACH EINZELSTÜCKEN
UND INSPIRATIONEN.

Linke Seite: Das Spielkabinett liegt zwischen Salon und Esszimmer. Seine Holzwände wurden mit Schablonenmalerei verziert.
Oben: Um den Esstisch herum stehen Stühle, die aus einem Berner Bürgerhaus stammen. Der Spiegel und die Konsole an der Wand kamen aus Venedig.
Rechts: Die Küche im ersten Stock wurde mit schwedischen Stühlen und einem bemalten Ofen ausgestattet.

ALS CAROLINE FREYMOND AUF DER SUCHE NACH EINRICHTUNGSGEGENSTÄNDEN FÜR IHR HAUS WAR, BEREISTE SIE GANZE DREI WOCHEN LANG DEN SÜDEN SCHWEDENS, UM DIE SCHÖNSTEN STÜCKE AUSZUMACHEN.

Linke Seite: Unter dem Dach liegen weitere Schlafzimmer mit dazugehörigen Bädern. In dieses hier wurden eine frei stehende Badewanne und ein Kachelofen eingebaut.
Oben: Das »Lit à la Polonaise« trägt einen schweren Stoffbaldachin.
Rechts: Die belgische Künstlerin Isabelle de Borchgrave bemalte die Deckenbalken mit Ornamenten.

Gerne erzählt die Hausherrin von ihren zahlreichen Reisen. Ist sie in Venedig, logiert sie für gewöhnlich im Hotel Cipriani auf der vorgelagerten Insel Giudecca. Mit dem Motorboot ist der Markusplatz dann nur ein paar Minuten entfernt. Gleich nach dem Frühstück beginnt das Programm. Caroline Freymond besucht die besten Antiquitätenhändler vor Ort und kehrt immer mit reicher Beute zurück. Am späten Nachmittag lässt sie sich dann im Hotelgarten nieder oder zieht ihre Bahnen im Pool. Auch Stockholm steht häufig auf ihrer Agenda. Als sie auf der Suche nach Einrichtungsgegenständen für ihr Haus war, bereiste sie ganze drei Wochen lang den Süden Schwedens, um die schönsten Stücke auszumachen und zu erwerben. Zum Einkaufen und zur Kontaktpflege eignen sich auch diverse Kunst- und Antiquitätenmessen, darunter die jährlich in Maastricht stattfindende TEFAF. In Paris ist die Sammlerin ein gern gesehener Gast auf Vernissagen und bei privaten Anlässen.

Schließlich eröffnete Caroline Freymond nach der Fertigstellung ihres Chalets in Saanen selbst eine Galerie an der Promenade von Gstaad. »Alle meine Freunde ermutigten mich dazu. Ich hatte so viele Möbel und Objekte zusammengetragen, die gar nicht mehr in meinem Haus Platz fanden. Noch dazu gibt es nun einen Ort, an dem ich die faszinierenden Künstler und Kunsthandwerker vorstellen kann, die ich in den letzten Jahren kennengelernt habe«, erzählt sie begeistert. So bleibt auch weiterhin ihre liebste Beschäftigung das Suchen und Zusammenstellen von einzigartigen Trouvaillen. Um auch andere Menschen damit zu erfreuen, nannte sie den Ort »Menus Plaisirs«, »kleine Freuden«.

Linke Seite: Die grün gefassten Himmelbetten wurden mit einem bäuerlichen Stoffmuster verschönert. Alte Keramikwaschbecken suchte die Hausherrin überall in Europa zusammen.
Oben: Das Schwimmbad nimmt den Raum der ehemaligen Scheune ein. Über dem Mosaik-Pool ist Platz für verschiedene Kunstinstallationen.
Rechts: Zu einem antiken Schlitten wurden schwarze Amphoren, ausgestopfte Vögel und eine Konsole mit Zierrat dekoriert.

GSTAAD

HAUS DER MORGENRÖTE

Der französische Interiordesigner Hom Le Xuan
verhalf einem in die Jahre gekommenen Haus zu neuer
Schönheit – mit einer vibrierenden Farbpalette
und Formen, die der Natur nachempfunden sind.

Die erste Begegnung muss ernüchternd gewesen sein. Überall Herzen. Auf Polstern, Vorhängen, Tellern, Tassen, sogar die Schränke und Fensterläden trugen herzförmige Eingriffe. Das war zu viel für den Ästheten Hom Le Xuan. Er teilte den Besitzern des Chalets umgehend mit, dass er den Auftrag für einen Umbau nur unter mehreren Bedingungen annehmen würde: Die Herzen sollten verschwinden, zumindest dort, wo sie als niedliches Dekor verwendet wurden. Das Treppenhaus, allzu eng und erdrückend, müsste komplett erneuert werden, ebenso der offene Kamin mit alpenländischer Holzeinfassung im Wohnzimmer. Die Antwort ließ nicht lange auf sich warten. Das in London lebende Ehepaar gab dem Interiordesigner Carte blanche.

Solche Sternstunden erlebt der gebürtige Vietnamese, der in seinem dreizehnten Lebensjahr nach Paris kam, mehr als einmal im Jahr. Doch zur Gewohnheit werden sie ihm nicht. Er liebt es, sich immer wieder aufs

Neue in seine Projekte zu vertiefen, um mit einem Füllhorn an Ideen aus den Fluten der Fantasie aufzutauchen. Der flinke Geist des Asiaten und die großzügige Geste des Franzosen verhelfen ihm zu Entwürfen, die von feiner Tonalität, austariertem Volumen und der Kostbarkeit des Materials leben. Seine Arbeiten haben den Perfektionsgrad eines Kunstwerks, das von seinem Erschaffer immer und immer wieder überarbeitet wird, um es nur einen Augenblick später erneut zu hinterfragen. Tatsächlich bekennt er: »Ursprünglich wollte ich Bildhauer werden. So wie Rodin, der sein ganzes Dasein allein der Kunst widmete. Doch ich erkannte, dass ich niemals seine Perfektion erreichen würde. Also habe ich mich dafür entschieden, als Designer die Träume meiner Kunden zu verwirklichen. Es mag auch daran liegen, dass mich das Leben sehr früh gelehrt hat: Menschen, die nicht träumen, sterben.«

Für das idyllisch am Hang oberhalb von Gstaad gelegene Chalet war diese Disposition ein Glücksfall. Mit der neuen Treppe, die er bauen ließ, schuf Hom Le Xuan eine sich nach oben windende Holzskulptur und gleichzeitig das neue Herz des Hauses. Schon die Farbe der Wände im Aufgang legt diesen Vergleich nah. Sie sind rot gestrichen. Nicht einfach so. Im Erdgeschoss ist der Ton tief und satt, fast blaustichig, schon auf der ersten Etage wechselt er zu einem freundlichen Orange, um im zweiten Stock in ein zartes Rosarot überzugehen. »Ich habe den Verlauf so komponiert, wie es Mark Rothko in seinen Gemälden tat. Für alle, die hierherkommen, ist das Treppenhaus eine Überraschung«, erklärt der Einrichter. Die feinen Nuancen, die sich mit jeder Stufe verändern, erzeugen aber noch eine andere Assoziation. Unweigerlich erinnern sie an das faszinierende Naturschauspiel des Alpenglühens, bei dem sich der Horizont

über den Bergkuppen verfärbt und in zarten Rot- und Rosatönen nur noch ein Hauch von Himmelblau zu erkennen ist. Dann strahlen die schneebedeckten Hänge wie glühende Scheiterhaufen und schicken ihr goldenes Licht bis ins Tal hinab.

Die Natur vor dem Haus verschafft sich Zutritt durch die Fenster im Wohnzimmer. Ungewöhnlich für ein Chalet, doch viele moderne, in den letzten 30 Jahren erbaute Häuser im Saanenland nutzen die Lücken der Bauvorschriften und verschaffen ihren Bewohnern dank großzügiger Fensterbänder Ausblicke in die Landschaft. Um die nicht zu stören, wurden keine Vorhänge, sondern transparente Raffrollos aus Leinen angebracht. Sie schützen vor fremden Blicken, doch lassen sie das Auge schweifen. Hier auf der ersten Etage sind die Wände in einem wohltemperierten Lila gestrichen. Wer meint, Violetttöne seien einer opulenten Stilrichtung zuzuordnen, kann an dieser Stelle lernen, wie es auch anders geht. Harmonisch gehen Salon und Esszimmer ineinander über. Sie sind ohne großen Schmuck eingerichtet. Ihre Strenge wurde erreicht, indem man die Etage aller traditionellen Einbauten wie Eckbank, Büfett und Schrankwand entledigte. Stattdessen wurde ein Kamin aus massiven, grauen Steinplatten eingebaut; flankiert von zwei Regalen, die mit einfachen Schiebetüren teilweise geschlossen werden können. Dem Samtsofa »Ondulation«, das ein organischer Korpus aus Bronzeguss schützend umschließt, steht ein zweites mit geraden Linien gegenüber. Die Couchtische dazwischen sind aus schwarzem Schiefer. Ihre Platten erinnern an in einem Gebirgsfluss abgeschliffene Kieselsteine. Drei Bronzetischchen haben die Form von abgesägten Holzstämmen, mit Jahresringen auf der Abstellfläche. Die Natur als Vorbild nimmt sich auch die Kunst an den Wänden, wie ein Gemälde von Francesca Chandon.

Alle Möbel sind Entwürfe von Hom Le Xuan. Er liebt die handwerkliche Herstellung von Gebrauchsgegenständen. Sein besonderes Augenmerk gilt dabei dem Material und seiner aufmerksamen Verarbeitung. Im

Vorherige Doppelseite: Das Esszimmer bricht mit der alpenländischen Tradition. Hier herrschen schlichte Formen und ein subtiles Farbkonzept.
Linke Seite: Der Salon ist mit einem bronzenen Sofa und zwei schwarzen Schiefertischen ausgestattet.
Oben: Den schwarzen Butterfly Chair designte Pierre Paulin 1964, das Sofa mit Holzstruktur ist ein Eigenentwurf von Hom Le Xuan.

Esszimmer repräsentieren diese Haltung der aus Kiefernholz gezimmerte Esstisch und eine an der Wand stehende Kommode. Beide Stücke haben weiche Rundungen statt Ecken. Vor dem Fenster steht ein strenges, kubisches Sideboard, das erneut beweist: Der französische Designer mit asiatischen Wurzeln scheut sich nicht, scheinbar gegensätzliche Formen zu kombinieren. Yin und Yang – das Weibliche und das Männliche – stellen für ihn aufeinander bezogene Prinzipien dar. Das glei-

ALLE MÖBEL SIND ENTWÜRFE VON HOM LE XUAN. ER LIEBT DIE HERSTELLUNG VON GEBRAUCHSGEGENSTÄNDEN. SEIN BESONDERES AUGENMERK GILT DABEI DEM MATERIAL UND SEINER AUFMERKSAMEN VERARBEITUNG.

Oben: Runde Formen prägen Kommode und Esstisch. Auf dem Treppengeländer kam eine Holzkugel zu liegen.
Links: Der überdachte Balkon ist Bühne für eine Sitzgruppe mit Stühlen aus Kastanienholzzweigen.
Rechte Seite: Wird der Tisch gedeckt, kommt schwarze und weiße Keramik mit Leinenservietten zum Einsatz. An der Decke hängt eine Lampe aus den 1950er-Jahren.

che Motiv taucht auch beim Geschirr, schwarz-weiße Töpferware, wieder auf. Die Lampen sind Einzelstücke aus den 1950er-Jahren, ebenso die Liege des schwedischen Designers Bruno Mathsson. Ganz urig geht es auf dem Balkon zu. Hier stehen zwei Stühle aus Kastanienzweigen und eine lange Bank an einem rohen Holztisch. Dass alle Stücke eine gemeinsame Klammer erhalten, ist die große Leistung dieses Interieurs.

Fragt man den Einrichter nach der Herkunft seines Könnens, nennt er vor allem eine Person: Nicole de Vésian, lange Jahre Directrice artistique der Pariser Luxus-

Oben: Unter dem Dach wurde das Holz rosa und grau gestrichen. Bettwäsche und Lampenschirme sind passend gewählt.
Links: Die Wände im Erdgeschoss tragen Purpurrot. Hier liegen die Gästezimmer.
Rechte Seite: Im Garten verschwanden alle Hecken, dafür wurde ein Baum gepflanzt.

marke Hermès. Der junge Hom war ihr Assistent. Als er sich schließlich selbstständig machte, hatte er das Rüstzeug für seinen beruflichen Erfolg mit im Gepäck: hohe Qualitätsmaßstäbe und ein Gespür für zeitlose Schönheit. Neben Paris schuf sich der Kreative eine zweite Heimat in der Provence. Hier lernte er die typischen Gewächse der Garigue – wilder Lavendel, Rosmarin, Thymian, Wacholder – kennen und lieben. So sehr, dass er sich mit deren Eigenarten vertraut machte. Bald legte er erste Gärten an und sammelte Erfahrungen. Heute gehört das Grundstück rund ums Haus, das er für einen Auftraggeber einrichtet, immer zum Projekt dazu. »Für mich sind innen und außen untrennbar miteinander verbunden. Viele meiner Kunden haben gar keinen Bezug zur Natur. Ich will sie ihnen wieder näherbringen. So kann ich auch Emotionen schenken und nicht nur ein schönes Interieur entwerfen«, meint Hom Le Xuan.

Seitdem er einen Showroom an der Promenade von Gstaad eingerichtet hat und den Winter größtenteils hier verbringt, beschäftigt er sich auch mit der Vegetation der Alpen. Auf seinen ausgedehnten Spaziergängen beobachtet er aufmerksam jedes Detail und überträgt seine Gestaltungsprinzipien nun auch auf alpine Gärten. Um das Haus der Morgenröte besser in die umgebende Landschaft einzubetten, griff er zu einer ungewöhnlichen Maßnahme: Er ließ die hohen Hecken, die einst als Sichtschutz dienten, entfernen und pflanzte einen großen Laubbaum direkt vor die Fassade. »So müssen die Bewohner durch die Äste des Baumes auf die Berge schauen. Belebte und unbelebte Natur verschmelzen in ihren Augen zu einem Bild«, kommentiert er.

Was passierte mit den Herzen? Sie sind fast überall verschwunden. Nur an den Fensterläden in den Gästeschlafzimmern im Erdgeschoss erinnern sie noch an die Zeit vor der Renovierung. Und oben, unter dem Dach, da ist die Welt in Rosarot getaucht. Hier gelang es dem Traumtänzer Hom Le Xuan ganz ohne Herzen, eine Stimmung zu erzeugen, die lieblich ist, aber in keiner Weise als kitschig bezeichnet werden kann.

Gstaad

FERN DER HEIMAT

Die in Angola geborene Portugiesin Rucha de Almeida fand in Gstaad einen Ort, an dem sie sich zu Hause fühlt. Die unberührte Natur der Berge und der Geruch von regennasser Erde erinnern sie an Afrika.

Es gibt Lebensläufe, in denen sich Orte und Ereignisse, Landschaften und Personen zu einem dichten Geflecht verweben. Was wuchert, ist manchmal schwer zu entwirren, gerade wenn die Eindrücke mit der Zeit zu verblassen beginnen und nur noch Bruchstücke von ihnen übrig bleiben. Rucha de Almeida zieht es vor, einen Teil ihrer Vergangenheit ruhen zu lassen. Doch bestimmte Erinnerungen an ihre Kindheit und Jugendzeit begleiten sie jeden Tag. Die Portugiesin wurde in Angola geboren. Zu einer Zeit, da das afrikanische Land portugiesische Kolonie war. »Meine Vorfahren kamen noch zu Kolonialzeiten in die Hauptstadt Luanda. Sie bewirtschafteten eine Kaffeeplantage und handelten mit Palmöl«, erzählt sie. Doch die Befreiungsbewegung und der über viele Jahre schwelende Unabhängigkeitskrieg veränderte die Situation. Schließlich leitete ein neues demokratisches Regime 1974 die Entkolonialisierung ein, was bewaffnete Auseinandersetzungen zwischen den verschiedenen Befreiungsbewegungen in Angola auslöste. Die Lage wurde immer bedrohlicher. »Im November 1975 haben wir alles hinter uns gelassen und sind nach Brasilien ausgereist«, erzählt die scheue Frau mit den kastanienbraunen Haaren. Nie wieder ist sie an den Ort, an dem sie aufwuchs, zurückgekehrt.

Geblieben sind nicht nur schmerzliche, sondern auch schöne Momente – obwohl sie einen guten Teil vergessen habe. Vielleicht aus Selbstschutz, wie sie einräumt. Da ist vor allem die Landschaft: breite, weiße Atlantikstrände, dunkelgrüner Regenwald, meilenlange Prärien und gewaltige Berge. Der Boden ist staubig, aber fruchtbar. Wenn in den Hochebenen die lang ersehnte Regenzeit beginnt, färbt er sich dunkelrot. »Der Geruch von nasser Erde ist einer der prägendsten Eindrücke, die ich in mir trage. Er erinnert mich an meine Heimat Afrika. Darum liebe ich es, wenn der Regen fällt. Auch hier in der Schweiz«, sagt die Portugiesin, die sich vor zwei Jahren in Gstaad ein zweites Zuhause schuf. Mit den Jahreszeiten wechselt sie nun ihren Aufenthaltsort. Das Frühjahr und den Sommer verbringt sie in Lissabon in einem modernen Apartment mit Blick auf die Tejo-Brücke. Im August zieht sie die angenehmen Temperaturen der Schweizer Berge der südlichen Hitze vor und bleibt bis in den September hinein. Den milden Herbst genießt sie wiederum am Meer, bis Ende Dezember in den Alpen die Wintersaison beginnt.

»Meine Familie kommt schon seit vielen Jahren nach Gstaad. Ich liebe diesen Ort, an dem ich Freunde aus aller Welt treffe«, sagt Rucha de Almeida. Sie bezeichnet es als glücklichen Umstand, dass sie ein Apartment in einem Haus mit nur zwei Parteien erwerben konnte, das noch in der Planung war. So hatte sie die Möglichkeit, den Grundriss ihren Bedürfnissen und

EINES DER GELUNGENSTEN ELEMENTE DER WOHNUNG IST EIN KUBUS, DER MIT BUNT LACKIERTEN, UNTERSCHIEDLICH BREITEN LATTEN VERKLEIDET IST.

Vorherige Doppelseite: Im holzvertäfelten Salon steht ein mit changierendem Samt bezogenes Sofa auf einem weißen Schaffellteppich.
Linke Seite: Im offenen Kamin brennt ein wärmendes Feuer. Davor reihen sich vier Tischchen aneinander, die Thierry Lemaire für Holly Hunt entwarf.
Oben: Den Esstisch krönt ein Kerzenleuchter aus farbigem Glas, der an einen knorrigen Baum erinnert.
Rechts: Im Flur hängt ein Wandleuchter aus Chrom von Reggiani.

Vorlieben anzupassen. Für den Ausbau und die Möblierung gewann sie den Pariser Innenarchitekten Thierry Lemaire. Gemeinsam gelang es ihnen, auf etwa 250 Quadratmetern Platz für drei Schlafzimmer, mehrere Bäder und einen großzügigen Wohn- und Essbereich mit offener Küche zu schaffen. Ein luxuriöses Spa steht allen Bewohnern im Erdgeschoss zur Verfügung. Das Untergeschoss beherbergt eine private Tiefgarage, damit die Autos auch bei hohem Schnee vor Ort abgestellt werden können.

Eines der gelungensten Elemente der Wohnung ist ein Kubus, der mit bunt lackierten, unterschiedlich breiten Latten verkleidet ist. Die Farben, die gewählt wurden, sind nicht etwa harmonisch auf die übrige Einrichtung abgestimmt. Der längs gestreifte Block trägt leuchtendes Rot, Gelb, Grün, Türkis, Schwarz und Weiß. Als poppiger Solitär zwischen rustikalen Wand- und Deckenverkleidungen aus kanadischem Altholz, ist der Schrank strukturierendes Element und Raumtrenner zugleich. Schon vom Eingangsbereich, wo eine verchromte Wandleuchte von Reggiani aus den 1970er-Jahren für ein reizvolles Licht- und Schattenspiel sorgt, fällt er sofort ins Auge. Er findet sein Pendant in einem ganz und gar schwarzen Metallkasten, der auf einer Seite ein wuchtiger, bis zur Decke reichender Kamin ist. Zum Fenster hin dient er als Konsole und trennt Lounge- und Essbereich voneinander ab. Oberhalb der Konsole verläuft auch an der Decke ein Eisenband und bildet hier ein Fenster im Raum.

Auf der gegenüberliegenden Seite des Salons steht eine breite verspiegelte Halbsäule mit daran montierter Messingskulptur von Curtis Jere. Sie sorgt für Irritation, sieht man in ihr doch zugleich den Raum als auch Hunderte von kleinen, runden Metallblättchen. Davor entfaltet sich auf einem langhaarigen weißen Schaffellteppich eine gemütliche Wohnlandschaft: Einem mit Samt bezogenen Sofa stehen zwei Vintage-Sessel mit Chrom-

Oben: Die schwarze Stahlverblendung des Kamins zieht sich auch an der Decke weiter. Auf Tischhöhe bildet sie eine praktische Konsole.
Rechte Seite: Vor dem Wandspiegel hängt eine Messingskulptur von Curtis Jere. Sie strahlt den Vintage-Chic der 1960er-Jahre aus.

PRIVATES REICH UND WOHNTRAKT VERBINDEN SICH UND ERZEUGEN EINE ATMOSPHÄRE VON WÄRME UND GEBORGENHEIT.

Oben: Das Fernsehzimmer wurde mit einer verspiegelten Wand vom Wohnraum abgetrennt. Vor einem grau-roten Sofa steht ein Couchtisch aus weißem Marmor. Der Handstuhl ist Mid-Century.
Rechts: Durch das Fernsehzimmer gelangt man in den privaten Schlafbereich von Rucha de Almeida.
Rechte Seite: Um den Esstisch von Paul Evans stehen Chromstühle, die Willy Rizzo in den 1970er-Jahren entwarf.

gestell gegenüber. Dazwischen reihen sich in lockerer Abfolge vier Tischchen. Drei davon sind aus buntem, glänzendem Plastik, eines – in identischer Form – ist in Statuario-Marmor gehauen. Im Eck steht eine Bar aus poliertem Messing, ein Sammlerstück aus dem Atelier der römischen Künstlerin Gabriella Crespi.

Dass sich hinter der Rückwand ein kleines Fernsehzimmer und daran anschließend das Schlafzimmer der Hausherrin versteckt, wird nur sichtbar, wenn die große Schiebetüre geöffnet ist. Dann erhält der Raum eine Tiefe, die gleichzeitig Nähe schafft. Das private Reich und der intelligent entwickelte Wohntrakt verbinden sich und erzeugen in ihrer Gesamtheit eine Atmosphäre von Wärme und Geborgenheit. Was Rucha de Almeida, deren Kinder inzwischen erwachsen sind, besonders dann angenehm ist, wenn sie alleine nach Gstaad kommt. Das Spiel mit den Perspektiven geht auch jenseits des Ka-

mins weiter. Hier steht ein eindrucksvoller Tisch von Paul Evans. Der amerikanische Designer schuf Mitte der 1970er-Jahre eine ganze Serie von Möbeln, die ein Patchwork aus Holz und Chrom auszeichnet. Er nannte sie »Cityscape«. Selbstverständlich stammen auch die acht Stühle aus dieser Zeit. Die offene Küche direkt daneben hält sich dezent im Hintergrund. Dies erreicht der Interiordesigner durch den schwarzen Hochglanzlack, den ihre Fronten tragen. Anstatt ein Eigenleben zu entwickeln, schlucken sie die Bilder des Raums, der sie umgibt. Die beiden Spiegel an der Rückwand der Küche und auf der Säule, die die Theke begrenzt, lassen sie zudem fast ganz verschwinden.

Bilder und Skulpturen, die in den Räumen zur Schau gestellt werden, trug die Hausherrin Stück für Stück zusammen. Sie favorisiert Künstler aus Portugal. So etwa den Bildhauer Bruno Cidra. Seine Schleife aus

Metall und Papier hängt neben der Küche. Die großformatige Gouache mit perspektivisch verzogenen Flächen im Esszimmer sowie die Arbeit mit roten und blauen Kreisen im Salon stammen von José Pedro Croft. Kleinere Zeichnungen mit Blütenmotiven von Sofia Areal hängen in einem der beiden Gästeschlafzimmer. Im anderen schmücken Fotografien von Miguel de Miranda Correa die Wände. Sie zeigen die Gipfel des Gstaader Skigebiets Wasserngrat. Vertreten ist auch Miguel Palma, ein Künstler, den die Sammlerin gerne in seinem Atelier in Lissabon besucht.

Es ist noch nicht allzu lange her, da sich Rucha de Almeida wieder in der Heimat ihrer Ahnen niederließ. Die Odyssee, auf die sie sich im Alter von 17 Jahren mit ihrer Familie begab, scheint erst hier ein Ende gefunden zu haben. Von Brasilien kam sie einst über Marokko wieder nach Europa zurück. Ihre Töchter wurden in Paris geboren. Nach einem erneuten Umzug in die Schweiz wuchsen die Mädchen in Genf auf. »Beide sind viel mehr Schweizerinnen als Portugiesinnen. Geprägt von einer calvinistischen Denkweise«, meint ihre Mutter. Sie hingegen trage die Sehnsucht nach Sonne und Meer im Herzen. Das findet sie in Lissabon und immer wieder auch in Kenia, Tansania und Mosambik. Die Sehnsucht nach Angola ist dennoch geblieben.

BILDER UND SKULPTUREN,
DIE IN DEN RÄUMEN ZUR SCHAU
GESTELLT WERDEN, TRUG
DIE HAUSHERRIN STÜCK FÜR
STÜCK ZUSAMMEN.

Linke Seite: In einem der Gästezimmer hängt eine Fotografie von Miguel de Miranda Correa. Sie zeigt die verschneiten Hänge des Wasserngrats. Dahinter beginnt das offene Badezimmer.
Oben: Als Akzentfarbe zum Grau von Holzverkleidung und Felldecke dient leuchtendes Orange.
Rechts: Über der schwarzen Metallkonsole haben drei Zeichnungen von Sofia Areal einen Platz gefunden. Hinter der Türe liegt das Bad.

ROUGEMONT

DAS FRAUENHAUS

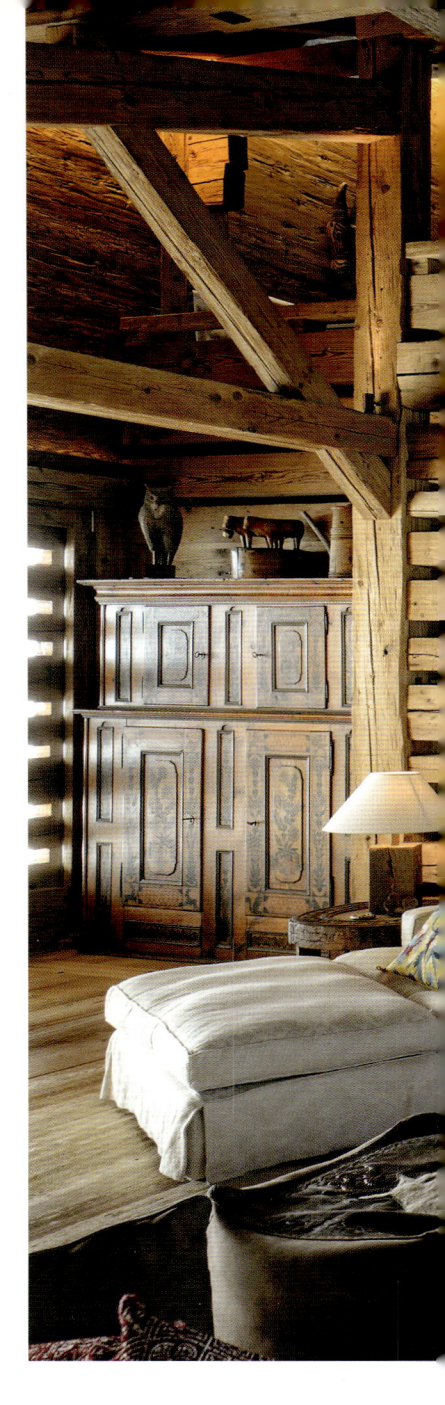

Bis zu ihrem neunzigsten Lebensjahr bewohnte eine alte Bäuerin ein mächtiges Chalet hoch über dem Tal. Als sie ging, kam lange nichts. Erst die neue Besitzerin gab dem Anwesen seine Seele zurück.

Wann freut sich schon ein ganzes Dorf über den Verkauf eines Hauses? Dann, wenn ein altes Juwel zu lange leer steht, eine Schar von Erben sich nicht einigen kann, und der Erhalt ungewiss ist. Genauso verhielt es sich mit einem 300 Jahre alten Chalet auf dem Gemeindegebiet von Rougemont. Es steht am Hang inmitten von großen Weiden und gehört zu den schönsten erhaltenen Bauernhäusern der Region. Dass es zu einer Sanierung kam, die die alte Substanz erhielt und die Eigenarten des Hauses respektierte, kann man als Glücksfall bezeichnen. Die heutige Besitzerin bewies Geduld, Beharrlichkeit und Mut. Schließlich wusste sie zu Beginn nicht, was sie erwarten würde.

Das mächtige Bauernhaus wurde im Jahr 1722 an diesem Ort gebaut. Im Sommer ist es von der Sonne verwöhnt. Blumen, Obst und Gemüse gedeihen in einem Gärtchen hinter dem Gebäude. Eine Quelle versorgt die Bewohner seit jeher mit frischem Wasser. Früher gehörten mehrere Dutzend Kühe zum bäuerlichen Anwesen, der Käse reifte im Keller. Im Winter dagegen muss das Leben hier oben beschwerlich gewesen sein. Wenn die Sonne von Ende November bis Mitte Januar ausblieb, wurde das Gemüt der Menschen schwer. Heute ist die Alltagslast viel weniger Bürde als in früheren Zeiten.

Wie alle historischen Häusertypen ist auch das Chalet in seiner ursprünglichen Form ein äußerst intelligent konzipiertes Gebäude. Es sollte den Bauersleuten dienen, ihnen Heim und Arbeitsstätte zugleich sein. Nach außen erfüllte es auch repräsentative Zwecke, je nachdem, wo es stand und wer es baute. Es wurde als Blockbau errichtet, der auf einem gemauerten Steinfundament lag. Hier waren der Stall, Arbeits- und Lagerräume untergebracht. Auf den Außenmauern wurden lange Kanthölzer übereinandergeschichtet. Sie durchdrangen sich an den Ecken mit Verkämmungen oder Verblattungen. Auch die Innenwände liefen von einer Hausseite zur anderen. So ließ sich die Einteilung der Zimmer an der Fassade ablesen. Auf jeder Geschosshöhe wurden handwerkliche Bundverzierungen angebracht. Weil mit Glas gespart werden musste, fielen die Fenster klein aus. Das weit überstehende Dach lag auf mehr oder weniger ausgearbeiteten Konsolen. Es bildete einen konstruktiven Wetterschutz für die Fassaden, die ab dem 17. Jahrhundert reich mit Schnitzereien und Bemalungen geschmückt wurden. Beliebt waren Radornamente, Bären – in Anlehnung an den Berner Bär –, Ziegen, florale Elemente, Vögel oder Monde. Seit dem 16. Jahrhundert zeugten viele Inschriften vom Stolz und Darstellungswillen der Besitzer.

Als die Käuferin das alte Chalet bei Rougemont 2007 zum ersten Mal besichtigte, war sie überwältigt.

MIT GROSSEM RESPEKT WURDEN DIE ARBEITEN DURCHGEFÜHRT, DIE DAS GEBÄUDE ZU EINEM ZEITGEMÄSSEN HEIM MACHTEN.

Vorherige Doppelseite: Der Wohnraum ist angefüllt mit exotischen Objekten. Die Sonnenmaske auf dem Kaminsims stammt aus Burkina Faso. Das blaue Bild an der Wand auf dem Treppenabsatz malte die australische Aborigine Gladys Napanangka.
Linke Seite: Vor dem offenen Kamin stehen zwei bequeme Ledersofas und ein Holztisch aus Indien.
Oben: Vom Treppenaufgang kann man den Raum überblicken.
Rechts: Dort, wo einmal das Heu eingefahren wurde, ist nun ein großes Fenster. Daneben steht eine Schlangenskulptur aus Westafrika.

Links: Unter dem Dach führt ein Gang um den Holzkamin herum. Über eine Treppe gelangt man in ein kleines Arbeitszimmer.
Unten: Von unten kann man in den vom Ruß befreiten Schlot schauen. Als Erinnerung an die Ursprünge des Hauses wurden alte Kuhglocken aufgehängt.
Rechte Seite: Dort wo in früherer Zeit einmal die Küche stand, liegt heute ein kleiner Salon.

BESONDERS BEEINDRUCKTE SIE DIE RAUCHKÜCHE AUF DER ERSTEN ETAGE, ÜBER DER EIN ENORMER, QUADRATISCHER SICH NACH OBEN VERJÜNGENDER KAMIN HING.

Schon von außen schien es im Originalzustand: Sowohl die vordere wie auch die hinter Fassade wurde von langen Gebetsformeln geschmückt – nur drei solcher Häuser existieren noch im Bezirk Pays-d'Enhaut. Auch im Inneren waren die wichtigsten Elemente erhalten geblieben. Besonders beeindruckte die Besucherin die Rauchküche auf der ersten Etage, über der ein enormer, quadratischer, sich nach oben verjüngender Kamin hing. Darunter befand sich eine einfache Feuerstelle, die noch vor ein paar Jahren genutzt worden war. Teller, Töpfe und Utensilien türmten sich auf einem abgewetzten Tisch. Fließendes Wasser und Elektrizität gab es nicht. Das Stockwerk darüber war über eine kleine Treppe verbunden. Hier lagen die ursprünglichen Schlafkammern der Bauersleute, ihrer Kinder und Knechte. Selbst der große Schlüssel für die Haustüre hing an einem Nagel an der Wand. Als ob die alte Bäuerin nur eben einmal weggegangen war.

Das Band zwischen den beiden Frauen war sofort geknüpft. Während der drei Jahre, die der Architekt Gabriel Muriset für die erforderlichen Genehmigungen und die Sanierung benötigte, wurde es immer stärker. Eine Dame vom Ort brachte alte Fotografien vorbei und mancher Nachbar wusste Geschichten zu erzählen.

Mit großem Respekt wurden die Arbeiten durchgeführt, die das Gebäude zu einem zeitgemäßen Heim machten. Der größte Eingriff geschah im Bereich der ehemaligen Scheune. Sie wurde zum Wohnzimmer umgebaut, das bis unter den Dachfirst reicht. Damit sich an der Fassade nichts änderte, vergrößerte man nur die Abstände der Kanthölzer und setzte durchgehende Glasscheiben dahinter. Einzig die Scheunentür, zu der noch immer die Rampe führt, auf der einst das Heu eingebracht wurde, lässt Ausblicke in die Landschaft zu. Daneben verbindet eine neue Treppe die Stockwerke miteinander. Für sie wurde kein herbeigeschafftes Holz be-

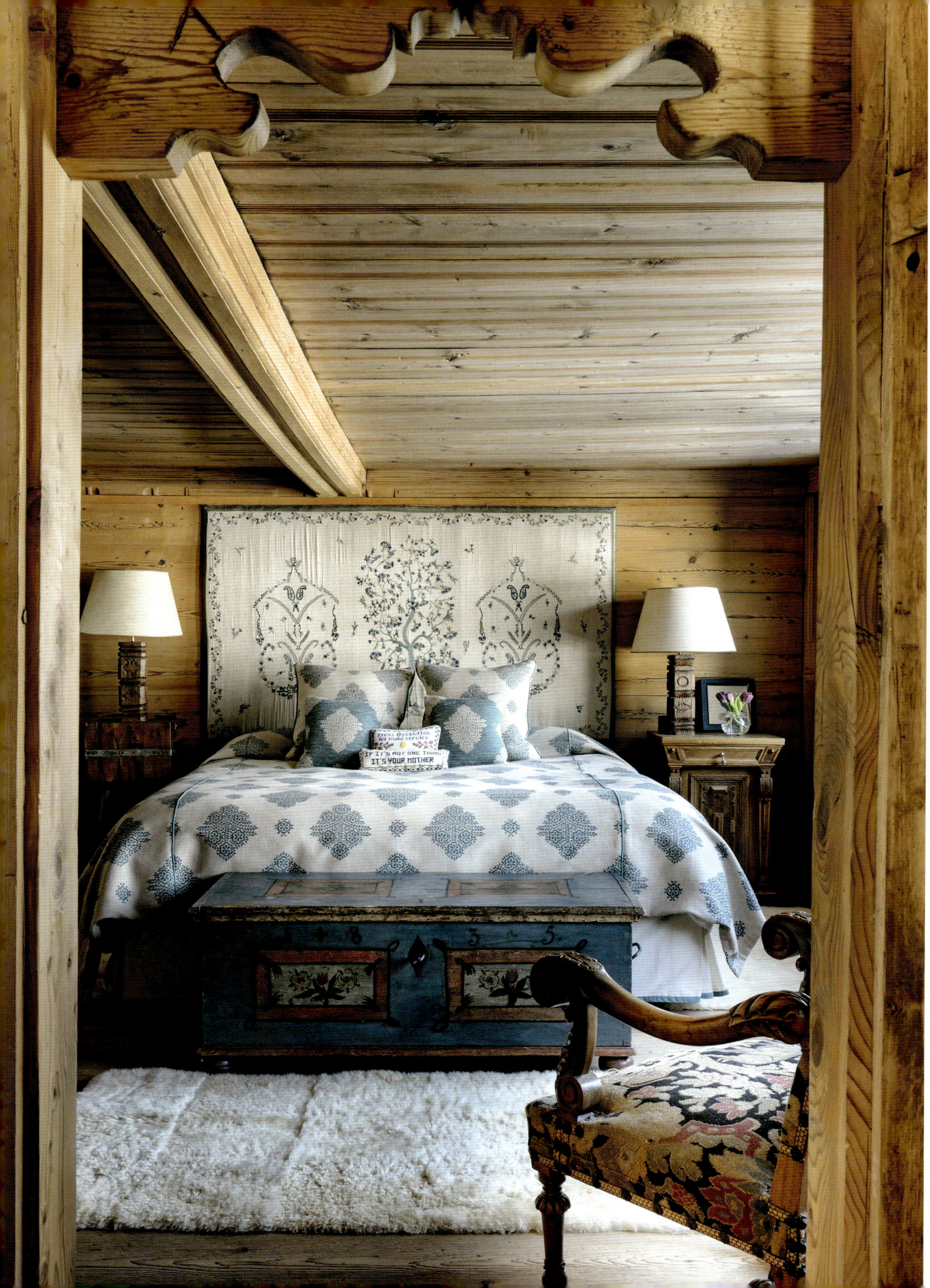

Linke Seite: Auch in den Schlafzimmern treffen verschiedene Kulturen aufeinander. Ein Panneaux aus Indien bildet das Kopfteil des Bettes. Der blau-weiße Bezugstoff von Tagesdecke und Kissen nimmt die Farben der alten Bauerntruhe auf.
Oben: Im Erdgeschoss liegt ein Gäste-WC, das ganz im historischen Stil gestaltet wurde. In einer Nische, die die alten Steinmauern zeigt, steht ein runder Waschtrog.

nötigt, man verwendete Bretter, die an anderer Stelle abgebaut worden waren. Im Haupthaus reicht der von Ruß befreite Holzkamin als architektonische Besonderheit vom ersten Stock bis unters Dach. Unter seinem Abzug wurde eine gemütliche Sitzgruppe platziert. Benachbart liegen ein Meditationsraum und zwei Schlafzimmer, ihre Dimensionen wurden beibehalten. An den Wänden finden sich noch immer zahlreiche Holzhaken, an denen auch schon die früheren Bewohner ihre Kleidung und Habseligkeiten aufhängten – Schränke gab es keine. Weitere Schlafzimmer liegen im dritten Stock in den ehemaligen Schlafkammern. Um den Schlot herum führt hier ein schmaler Gang, durch den man über einige Stufen in ein Arbeitszimmer unter dem Dach gelangt.

Die Küche, Wirtschaftsräume und ein Spa mit Hamam und Wirlpool haben im Erdgeschoss Platz gefunden. Dort sieht man in den Wänden noch die alten Feldsteine, mit denen einst der Sockel aufgebaut wurde. Während die Einrichtung im Esszimmer modern und klar ist, sind die oberen Stockwerke mit Möbeln und Objekten unterschiedlicher Stile und Kulturkreise angefüllt. Die Hausherrin liebt Kunst und Kunsthandwerk aus Asien, Australien und Afrika. Ihre Fundstücke mischt sie mit Antiquitäten aus der Region und eleganten französischen Polstermöbeln. Auf dem Scheunenboden tanzen nicht nur zwei geschnitzte Bären aus dem 90 Kilometer entfernten Brienz, sondern auch eine Schlangenskulptur aus Westafrika. Der Sofatisch stammt aus Indien, auf ihm liegen zwei chinesische Löwen. Vom Kaminsims aus strahlt eine Sonnenmaske aus Burkina Faso in den Raum hinein. In einem anderen Zimmer steht eine Sammlung Schweizer Bergkristalle.

An einer Wand auf dem Treppenabsatz hängt das Lieblingsbild der Hausherrin. Es zeigt Kreise, die wiederum aus kleinen Punkten bestehen und auf einen Untergrund in Blautönen gemalt sind. Die Künstlerin von »Milky Way Dreaming« ist Gladys Napanangka, eine weise australische Aborigine, die 2005 starb. Auch ihre Seele fand so Aufnahme in diesem einzigartigen Haus. Dass es bevorzugt Frauen eine Heimstatt bietet, ist sicher der Grund für die besondere Geborgenheit, die es ausstrahlt.

SAANEN

ZARTE FARBEN, STARKER CHARAKTER

Die Niederländerin Egberdina Aardenburg fand für sich und ihren Mann ein Haus, dem sie mit viel Fingerspitzengefühl eine einzigartige Atmosphäre verlieh. Die Liebe zu schönen Stoffen half ihr dabei.

Als ich das erste Mal hierherkam, war ich völlig entsetzt. Das Chalet wurde von einem Generalunternehmer im Rohbau angeboten«, erzählt Egberdina Aardenburg. Sie verschwendete keinen Gedanken daran, das Haus zu kaufen, und setzte ihre Suche nach einer geeigneten Immobilie fort. Zu dieser Zeit lebte sie mit ihrem Ehemann noch auf einem Landgut in Schottland. Die Liebe zur Jagd und die Suche nach Ruhe hatte das Paar einst nach Großbritannien geführt. Was als Ferienaufenthalt geplant war, wurde zum Lebensabschnitt. Doch das Anwesen lag einsam in den Highlands im Norden der Insel etwa 90 Kilometer von Inverness entfernt. Der Unterhalt war aufwendig und erschien den Besitzern drei Jahrzehnte nach ihrer Ankunft die Mühe nicht mehr wert. So hatten sie sich dafür entschieden, nach einem Haus in der Schweiz Ausschau zu halten, das neben einem Anwesen in Südfrankreich ihr Zuhause werden sollte. Egberdina Aardenburg kannte die Ge-

Vorherige Doppelseite: Anstelle eines Sofas gibt es im Wohnzimmer eine antike Sitzbank und mit Hussen bezogene Sessel.
Oben: Über der Eingangstüre wurden das Baujahr und ein Segensspruch ins Holz geschnitzt.
Rechte Seite: Gleich neben dem Entree steht ein langer, mit einem Kelim geschmückter Tisch vor einer Bücherwand.

gend rund um Gstaad aus ihrer Kindheit. Oft war sie mit ihren Eltern im Urlaub hier gewesen. Außerdem gibt es zahlreiche Freunde, die in der Region Besitz haben.

Trotz guter Voraussetzungen war der Einstieg schwieriger als vermutet. Egberdina Aardenburg konnte einfach kein passendes Objekt finden. Bis sie an den Punkt kam, sich das verwaiste Bauprojekt ein zweites Mal anzusehen. Sie ließ sich alle Pläne geben und studierte jedes Detail. Schließlich sah sie die Vorzüge, die ihr dieses Haus bieten würde, deutlicher als dessen Nachteile. Von einer konkreten Vision beflügelt beriet sie sich mit einem Architekten und kam zusammen mit ihrem Mann im Jahr 2006 zum Schluss, dass sie den Kauf wagen sollten.

Das Chalet liegt an einem steilen Hang in einer Siedlung oberhalb von Saanen. Seine Parzelle teilt sich eine Tiefgarage mit den Häusern der Nachbarschaft. Um die Nutzfläche zu optimieren, wurde das Gebäude über vier Stockwerke geplant. Ursprünglich sollten zwei voneinander unabhängige Einheiten entstehen: eine auf der Eingangsebene und unter dem Dach sowie eine weitere im Untergeschoss, welches zur Talseite hin über Fenster verfügt, und im Keller. Beide Wohnbereiche haben getrennte Eingänge, sind aber durch einen Lift miteinander verbunden. Für die Aardenburgs, die einen großen Freundeskreis haben, eröffnete sich so die Möglichkeit, die privaten Räume vom Gästebereich zu trennen.

Die Grundrisse waren bis auf wenige tragende Mauern zum Zeitpunkt der Übernahme noch nicht bestimmt. So konnte die Hausherrin die Stockwerke nach ihren Vorstellungen gestalten. Eine Aufgabe, die ihr liegt. Als junge Frau studierte sie an der École de Couture in Amsterdam. Später arbeitete sie als Modedesignerin über viele Jahre in der Industrie. Einrichten war neben dem Beruf immer ihre Leidenschaft. Mit Freude gestaltete sie bereits die Häuser ihrer Eltern, später die eigenen. Freundinnen stand sie immer mit einem guten Rat zur Seite, wenn diese sie darum baten. Die anstehende Aufgabe in Saanen ging jedoch weit über das normale Maß hinaus. Darum entschied sich das Ehepaar, schon zur Planungs- und Ausführungsphase in die Schweiz zu kommen. Egberdina Aardenburg wollte immer vor Ort sein und jeden Schritt selbst überwachen.

Für das Eingangsgeschoss hatte sie schon konkrete Pläne. Sie wünschte sich einen offenen Wohnbereich, der fließend in eine Küche übergeht. Dafür griff sie zuerst im Entree ein und entfernte fast alle Wände. Nun steht man beinahe schon im Salon, wenn man das Haus durch die antike Holztüre betreten hat. Dass die Rückwand hier über die ganze Länge als Bibliothek genutzt wird, ist ein Kunstgriff, der für Leben und Charakter sorgt. Bunte Bildbände stapeln sich auch auf der langen Tafel davor. Sie ist mit einem schönen Kelim in erdigen Tönen geschmückt. In Schottland lag er noch am Boden, hier in Gstaad bekam er einen effektvolleren Auftritt zugedacht. Ein paar Schritte weiter stehen verschiedene Sessel und eine antike Polsterbank. Ein Sofa sucht man hier vergebens. Dafür ist auf einem runden Tisch, über den eine voluminöse Leinendecke geworfen wurde, so etwas wie ein Hausaltar eingerichtet: Blumenvasen, Windlichter, Keramikschalen, Silberbecher und eine Miniaturkuh laden zum Schauen und Staunen ein. Mittelpunkt der Inszenierung ist der offene Kamin mit grau-grün lackierter hölzerner Einfassung. Als Egberdina Aardenburg sie bei einem Antiquitätenhändler in Südfrankreich entdecke, wusste sie sofort, dass sie für ihr Haus in Saanen sein würde.

»Ich entwarf ein Farbkonzept, in dem die Töne Celadon – ein zartes Grün – und Aubergine – ein Violett – die Hauptrolle spielen. Als Verbindung zum überwiegend antiken Holz, mit dem wir die Räume ausgekleidet haben, fungiert warmes Terrakotta«, erklärt die Niederländerin. Diese Klammer, die besonders wichtig für die Auswahl der Stoffe und Accessoires war, bringt auch die ganz unterschiedlichen Möbel in einen Kontext. Sie kamen aus allen Himmelsrichtungen in das Schweizer Bergdorf. Manche Stücke traten mit ihren Besitzern die lange Reise von Schottland über den Ärmelkanal an, andere stammen aus den Niederlanden oder Belgien, ein Großteil wurde von Südfrankreich hierher gebracht. Ebenso mediteran sind die sechs antiken italienischen

»ICH ENTWARF EIN FARBKONZEPT, IN DEM DIE TÖNE CELADON – EIN ZARTES GRÜN – UND AUBERGINE – EIN VIOLETT – DIE HAUPTROLLE SPIELEN.«

Oben: Die hölzerne Kaminverkleidung fand Egberdina Aardenburg bei einem Antiquitätenhändler in Südfrankreich. Auf dem runden Tisch davor inszeniert sie immer wieder neue Stillleben mit Silberbechern, Windlichtern und Blumen.
Links: Die tragenden Töne des Interieurs sind Celadon und Aubergine – die Lieblingsfarben der Hausherrin.
Rechte Seite: Vom Sitzplatz auf dem Balkon vor dem Wohnzimmer im ersten Stock blickt man hinab ins Tal.

Fensterläden, die im Esszimmer zu Schranktüren umfunktioniert wurden. Nur wegen ihnen ließ Egberdina Aardenburg die Küche doch vom Wohnraum abtrennen. Und sie tat gut daran. Die Atmosphäre am Esstisch ist so einladend und gemütlich, dass man das Gefühl hat, man würde in einem alten Schloss Platz nehmen. Dazu tragen natürlich auch die Vorhänge von Braquenié und die mit Jagdszenen bemalte Gmundner Keramik bei. Sie stammt aus dem Salzkammergut. Die bestickte Leinenwäsche kam aus Frankreich. Besonders schön sind die fragilen, mundgeblasenen Gläser und Vasen. Ihre historischen Vorbilder sieht man oft auf alten niederländischen Stillleben.

Um den Charme der Vergangenheit auch in die anderen Zimmer zu tragen, ließ Egberdina Aardenburg einen Maler aus Südfrankreich kommen. Er hatte bereits Arbeiten in ihrem Haus in Mougins ausgeführt. Als ein Meister im Erzeugen von patinierten Oberflächen nahm er sich als Erstes die Küchenfronten vor. Sie wurden im Ton der alten Läden des Esszimmers gestrichen. Besonders wichtig war es seiner Auftraggeberin, auch im Dachgeschoss für mehr Stimmung zu sorgen. Die Decken aus einfachem Bauholz erschienen ihr viel zu modern. Also wurde ein Grünton aufgetragen, der sich im Stoff, mit dem das Betthaupt bezogen ist, in der Wäsche, auf Möbeln und Vasen wiederholt. Im Bad zieht sich die sanfte Farbe sogar bis in die Nische, in der die Badewanne steht.

Auch in den unteren Stockwerken gab es einiges zu tun. Hier gehen von einer zentral gelegenen Bibliothek drei Gästezimmer ab. Jedes hat ein anderes Motiv: In einem steht ein französischer Bauernschrank von 1767. Details seiner Bemalung wurden auf die Holzdecke übertragen. Die Täfelung und das Doppelbett sind weiß

DIE ATMOSPHÄRE AM ESSTISCH
IST SO EINLADEND UND GEMÜTLICH,
DASS MAN DAS GEFÜHL HAT, MAN
WÜRDE IN EINEM ALTEN SCHLOSS
PLATZ NEHMEN.

Oben: Die Essecke liegt vis-à-vis dem offenen Kamin. Über den Tisch wurde eine üppige Leinendecke geworfen, Vorhang und Raffrollo sind aus Stoffen des französischen Traditionshauses Braquenié gearbeitet.
Links: Die handbemalte Keramik stammt aus Gmund in Österreich.
Rechte Seite: Niederländischer Herkunft sind die wie Perlmutt schimmernden Fliesen über dem Herd.

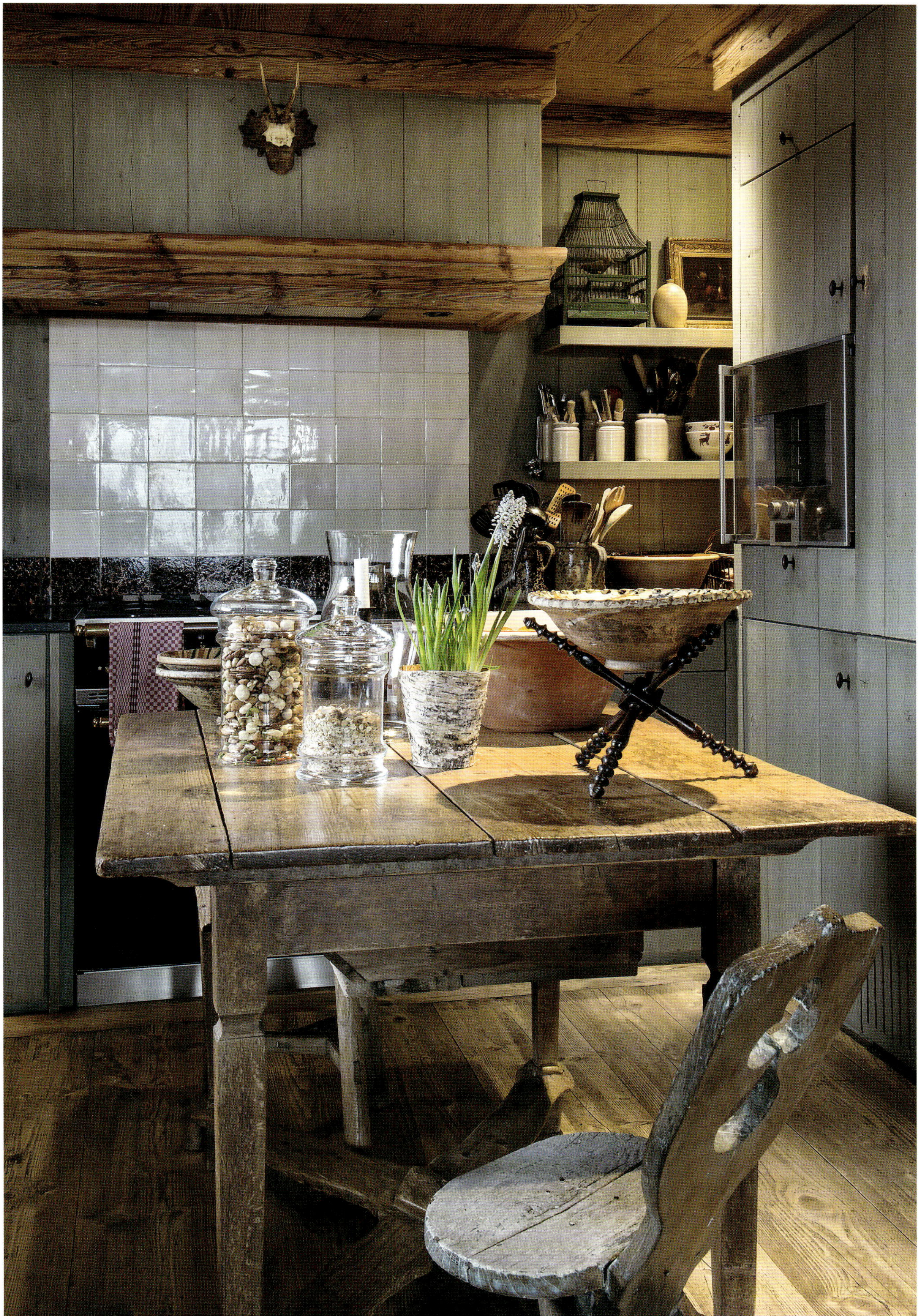

patiniert. Nebenan ließ man alle Wände mit einem bedruckten Baumwollstoff beziehen. Sein Muster mit Vögeln und roten Blüten bietet den passenden Hintergrund für ein Gemälde aus Mexiko. Ein kleiner Vogelkäfig, der vor der Wand hängt, akzentuiert das Dessin auf seine Art. Das Interieur in Rot setzt auf die Symmetrie zweier geschmiedeter Himmelbetten. Der Toile de Jouy, der hier zum Einsatz kam, trägt einmal mehr Jagdszenen.

Die Erinnerung ist überall präsent. Der Keller erscheint gar als eine Hommage an die alte Heimat. Hier hängen zahlreiche Geweihe an den Wänden. Auch die Tapisserie kam aus Schottland, hat aber französischen Ursprung. Weiterträumen kann man im eigenen Kino. Die Niederländerin liebt es, sich an verregneten Tagen hier unten einzunisten. Nur wenn das Wetter allzu schlecht ist, nimmt das Ehepaar die sechs Stunden Autofahrt an die Côte d'Azur auf sich. Anstatt auf schneebedeckte Bergketten blicken sie dann hinunter aufs Meer. »Mein Mann war nicht nur Jäger, sondern auch ein großer Segler. Seine Sehnsucht ist die Weite, die Freiheit und die Natur«, sagt Egberdina Aardenburg. Er findet sie an beiden Orten, einfach zu unterschiedlichen Zeiten.

AUCH IN DEN UNTEREN STOCKWERKEN GAB ES EINIGES ZU TUN. HIER GEHEN VON EINER ZENTRAL GELEGENEN BIBLIOTHEK DREI GÄSTEZIMMER AB. JEDES HAT EIN ANDERES MOTIV.

Linke Seite: Unter dem Dach liegt das private Reich der Hausbesitzer. Die Dachsparren wurden grün gestrichen. Das hohe Betthaupt trägt die gleiche Farbe.
Oben: Im Erdgeschoss mit separatem Eingang liegen die Gästezimmer. Hier wurden die Wände weiß lasiert.
Rechts: Das Bad bezaubert mit einem nostalgischen Waschtisch und schwerer Marmorbadewanne.

EGBERDINA AARDENBURG, SAANEN

Oben: Eines der Gästezimmer wurde mit roten Vorhängen und Betten aus schmiedeeisernen Gestänge eingerichtet.
Links: Die Gästezimmer und das Büro von Egberdina Aardenburg erreicht man über die quadratische Bibliothek im Erdgeschoss.
Rechte Seite: Die Dekoration des Kellers erinnert an das ehemalige Jagdhaus des Ehepaares in Schottland.

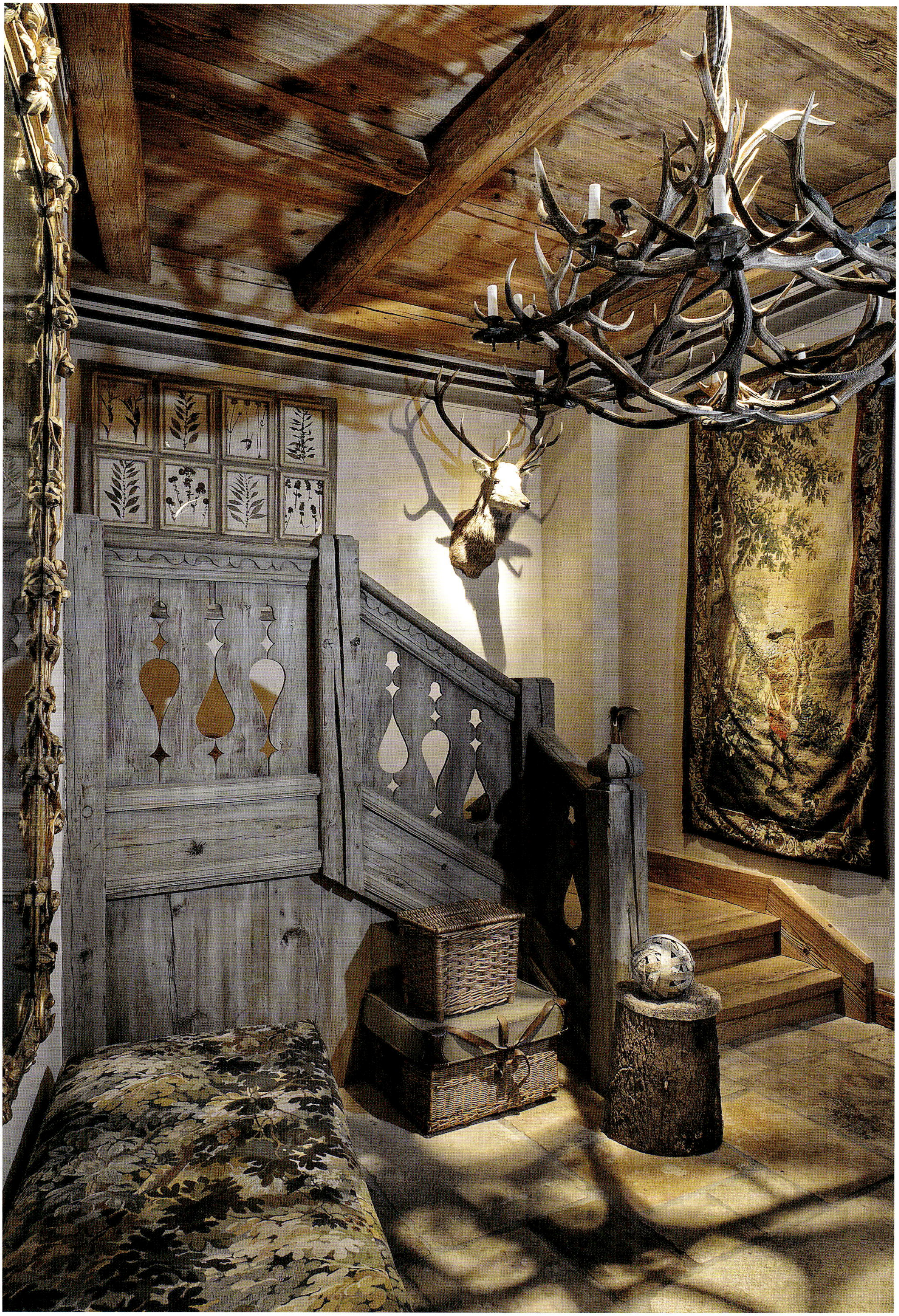

Flendruz

KARIBISCHE KLÄNGE

Sie liebt die Berge und tritt für den Schutz der Ozeane ein. In ihrem Chalet brachte die Mäzenin und Kunstsammlerin Francesca von Habsburg beides zusammen, unterstützt durch die Werke der kubanischen Künstlergruppe Los Carpinteros.

Gstaad und seine Nachbarschaft haben einen besonderen Platz in meinem Herzen. Ich sehe die Region wahrhaftig als mein Zuhause an. Wenn ich komme, dann ist es, als wäre ich schon immer hier gewesen, als hätte ich die wunderbare Landschaft, die schneebedeckten Hänge und die vielen Wanderwege von klein auf erforscht. Der Ausblick von meiner Terrasse auf die Videmanette ist so dramatisch, dass ich jedes Mal aufs Neue sprachlos ob dieses majestätischen Naturschauspiels bin«, sagt Francesca von Habsburg. Die Tochter von Baron Hans Heinrich Thyssen-Bornemisza und seiner dritten Ehefrau Fiona kam in Lausanne zur Welt und verbrachte ihre Kindheit zwischen Lugano und St. Moritz. Mit sieben Jahren wurde sie nach Gstaad ins Institut Marie-José geschickt, später besuchte sie das Internat Le Rosey am Genfersee. Die Jahre, die die Heranwachsende im Berner Oberland verbrachte, stärkten ihre Verbundenheit mit der Region. »Viele meiner Ju-

FRANCESCA VON HABSBURG, FLENDRUZ

DIE EINRICHTUNG BESTEHT AUS MODERNEN POLSTERMÖBELN UND AUSGESUCHTEN DESIGNERSTÜCKEN. DIE STRAHLKRAFT VON TÜRKIS UND AZURBLAU VERLEIHT IHR EINE ÜBERRASCHENDE FRISCHE.

Vorherige Doppelseite: Über dem Wohnraum schwebt eine Empore. Die moderne Einrichtung wird von der Farbe Türkis akzentuiert.
Oben: Die Celebrity Lamp besteht aus 40 Aviator-Sonnenbrillen.
Rechts: Das hohe Fenster liegt in der talseitigen Fassade des Hauses. Davor steht eine Pferdeskulptur von Jason Meadows.
Rechte Seite: Die Küchenfronten sind grau patiniert. An der Wand über dem Esstisch hängt eine Fotografie von Ebbe Stub Wittrup.

gendfreunde, die mir ans Herz gewachsen sind, leben hier. Auch meine geliebte Mutter besitzt ein Apartment in Rougemont. Es gehört zur Familientradition, in die Schweiz zurückzukehren. Meine Kinder genießen jeden Tag, den sie hier verbringen dürfen. Ich habe mir ein Heim geschaffen, in dem ich meine Seele baumeln lassen kann.«

Francesca von Habsburg studierte am Central Saint Martins College of Art and Design und am Institut of Contemporary Arts in London, bis sie ihr Vater in die legendäre Villa Favorita nach Lugano holte, um seine Sammlung zu kuratieren. Seit dieser Zeit fühlt sie sich der zeitgenössischen Kunst verpflichtet. 1993 heiratete sie Karl Habsburg-Lothringen und zog nach Wien. Hier gründete die Schweizerin 2002 die Kunststiftung Thyssen-Bornemisza Art Contemporary, kurz TBA21. Die Einrichtung hat sich besonders im Bezug auf die Unterstützung von Künstlern in ihrer frühen Schaffensphase einen Ruf gemacht. Ein gutes Beispiel dafür ist die junge Künstlergruppe Los Carpinteros, deren Arbeiten Francesca von Habsburg vor zehn Jahren während einer Kubareise entdeckte und seitdem mit Begeisterung sammelt und publiziert. Mehrere Werke brachte sie auch in ihr Chalet in Flendruz.

Von außen unterscheidet sich das Haus kaum von der umliegenden Bebauung. Im Inneren jedoch bietet es einen überraschend hohen Wohnraum, in dem alles Leben zusammenfließt. Er erinnert durch ein großes, mittig in die Südfassade gesetztes Fenster an eine Kathedrale, was durch eine Empore auf der rückwärtigen Seite des Raumes verstärkt wird. Die Wände sind glatt verputzt und weiß gestrichen. Die Treppe hat Wangen aus geschwärztem Metall, ihr Geländer und auch die Küchenfronten wurden aus grau patiniertem Holz gearbeitet.

LOS CARPINTEROS
SUZANNE SYZ
ROXANNE LOWIT BACKSTAGE DIOR
ARAKI

Die Einrichtung besteht aus modernen Polstermöbeln und ausgesuchten Designerstücken. Die Strahlkraft von Türkis und Azurblau verleiht ihr eine überraschende Frische. Die findet sich auch in den Aquarellen von Los Capinteros wieder. Das größte, ein schwarz gerahmtes Triptychon, hängt wie ein Altarbild hoch oben im Salon. Sein Motiv aus architektonischen Elementen im leeren Raum verweist auf den sozialkritischen Ansatz der Künstler. Am Treppenaufgang zieht die Schwarz-Weiß-Fotografie einer jungen Frau mit Turban alle Blicke auf sich. Der amerikanische Fotograf Robert Mapplethorpe inszenierte das Porträt der jungen Francesca von Habsburg. Dass sie es hierher brachte, mag ein Hinweis auf die Bedeutung dieses Hauses sein.

Seit einigen Jahren hat die Mäzenin ihr Tätigkeitsfeld um ökologische Anliegen erweitert. Dafür etablierte sie eine neue Abteilung in ihrer Stiftung, die sich mit Themen zum Klimawandel befasst. Sie initiierte ein Programm zur Wissensproduktion in Form einer Triennale auf hoher See. Damit möchte sie die Kunst aus bekannten Kontexten und Komfortzonen herausholen und zu einem »Agenten der Veränderung« transformieren.

Ihre Lebensfreude äußert sich aber nicht nur in provozierenden Kunstprojekten, sondern auch in der Unterstützung der Rennfahrerkarriere ihres Sohnes oder im Tiefseetauchen mit Tigerhaien. Francesca von Habsburgs Welt ist nie ein langweiliger Ort. Wenn sie von ihren exotischen Reisen zurückkehrt, findet sie Ruhe und Inspiration in ihrem Heim in der Schweiz. »Ich liebe es, Familie und Freunde zu bekochen und alle an einem Ort zu vereinen. Die Schönheit der Berge füllt mich aus. Ich empfinde die Natur als unser größtes Geschenk. Hier aufgewachsen zu sein, hatte einen großen Einfluss auf meinen heutigen Umgang mit der Umwelt.«

Linke Seite: Im kreisrunden Werk Galaxy des Schweizer Künstlers John M. Armleder spiegelt sich die gegenüberliegende Wand.
Oben: Das Triptychon Casa con Piscina stammt von der kubanischen Künstlergruppe Los Carpinteros. Über dem Treppenaufgang hängt ein Porträt von Francesca von Habsburg.
Folgende Seite: Der Blick auf den Berg La Videmanette, mit seinem höchsten Gipfel Le Rubli.

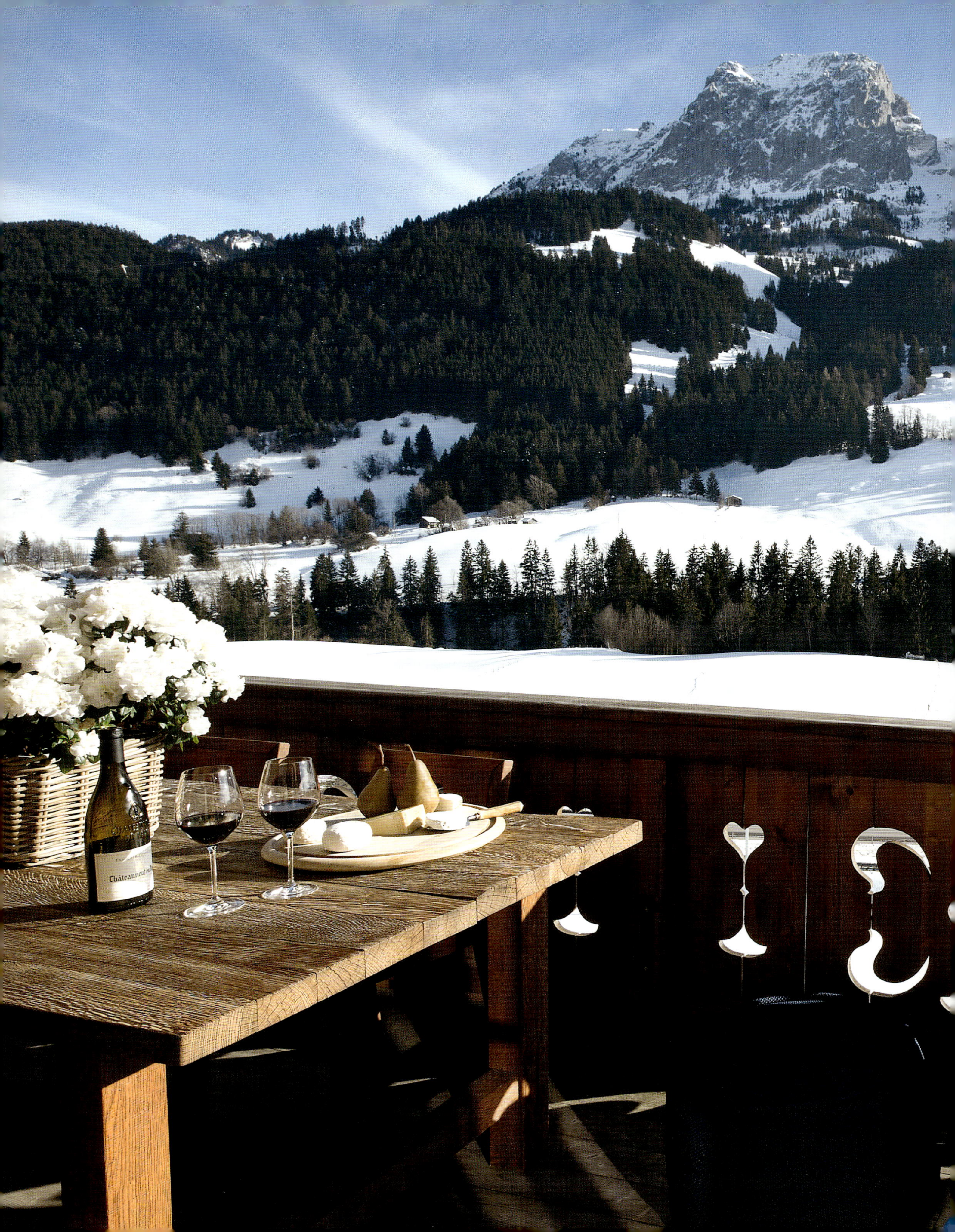
Châteauneuf

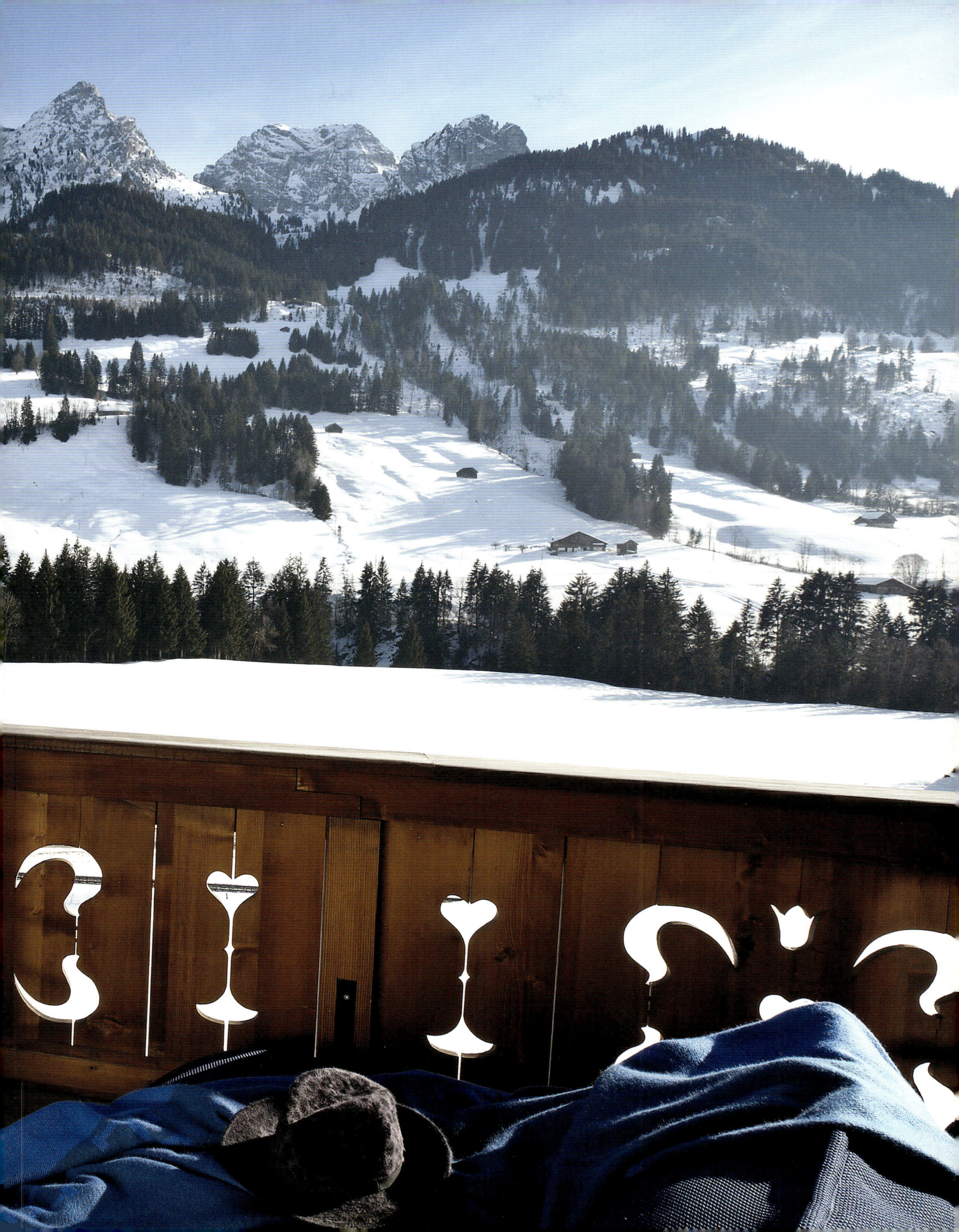

SAANEN

DURCH DIE BLUME

Dass die Texanerin Michelle Nussbaumer
ein Ferienhaus im Berner Oberland besitzt und mit ihrer
Familie nicht nur die Winter, sondern auch mehrere
Wochen im Sommer hier verbringt, klingt erstaunlich.
Doch alles hat seinen Grund.

In diesem Haus ist man willkommen. Das spürt man von Anfang an. Wärme und Freundlichkeit umfangen die Gäste schon auf der Türschwelle. Es ist Mitte Mai. Michelle Nussbaumer steht in der Küche und arrangiert Blumen in einem Dutzend Vasen. Dazu steckt sie Gräser, die sie gestern auf einem Spaziergang gepflückt hat. Ihr Mann schneit herein. In den Händen trägt er einen alten Stuhl, auf seiner Sitzfläche steht eine große Papiertüte. Seine Frau hat ihn geschickt, ihren Einkauf beim Antiquitätenhändler in Saanen abzuholen. Ein paar Minuten später kommt die jüngste Tochter die Treppe herunter, vorneweg ihre Bulldogge Rupert. Beide würden gerne etwas frühstücken. Anais hat gerade ihr Diplom an der Parsons School of Design in Paris gemacht. Sie will Künstlerin werden. Der Apfel fällt nicht weit vom Stamm – beide Elternteile haben kreative Berufe. Bernard Nussbaumer, gebürtiger Westschweizer, ist Filmproduzent. Michelle gehört zu den bekanntesten Inneneinrichterinnen Amerikas. Sie besitzt einen über 1000 Quadratmeter großen Showroom in Dallas, entwirft Stoffe, Wohnaccessoires und Möbel. Im Januar 2016 wird sie in Paris ihre erste eigene Porzellanserie vorstellen. Erfolgreich ist auch ihre Schmuckkollektion aus vergoldeter Bronze: Breite Armbänder mit dicken Halbedelsteinen, schwere Ohrringe und Ketten mit Skarabäus-Anhängern. Alles ist ein bisschen dick aufgetragen. Doch genauso liebt sie es. Ihr Einrichtungsstil wirkt dennoch nicht übertrieben, eher von bestechend dekorativer Note. Mit leichter Hand schöpft das Multitalent aus dem Vollen. Kleinlichkeit mit sich und anderen ist ihr fremd. Das macht sie so sympathisch.

Vor fünf Jahren hat Michelle Nussbaumer für sich und ihre sechsköpfige Familie ein 250 Jahre altes Chalet am Ortsrand von Saanen eingerichtet. Ein weitläufiger Garten gehört auch dazu. »Früher wohnten wir in Gstaad zwar in der Nähe der Familie meines Mannes, doch heute haben wir viel mehr Platz«, erklärt sie. Lange hatte sie immer wieder infrage kommende Objekte besichtigt, doch nie war sie fündig geworden. Mit diesem Haus, so sollte sich herausstellen, lag sie goldrichtig. Als sie es Bernard zeigte, war der hellauf begeistert. Er kannte es aus Jugendzeiten, die er teilweise in der Region verlebte. Sein Vater erwarb 1980 das berühmte Internat Le Rosey. Heute wird es von seiner Schwester und deren Mann geleitet.

Im Esszimmer haben die Vasen mit den bunten Blumenarrangements zusammen mit einem fünfarmigen Kerzenleuchter ihren Platz auf einer handbestickten türkischen Hochzeitsdecke, Suzani genannt, gefunden. Darum herum wird nun eingedeckt. Geflochtene Bast-Sets liegen unter blau-weißen Porzellantellern, die die Hausherrin über viele Jahre in Delft, Portugal und Spanien zusammengetragen hat. Da sie alt sind, ist hier keiner wie der andere. Die Gläser sind nicht weniger individuell. Fürs Wasser gibt es bemalte, die das Jahr ihrer Entstehung tragen. Michelle bekommt von ihren Kindern jedes Jahr zu Silvester eines. Wein wird in roten geschliffenen Kelchen ausgeschenkt. Auf den gestärkten Leinenservietten leuchten im gleichen Ton die Initialen ihrer Besitzerin. Dazu passt altes Silberbesteck. Sollten die acht Stühle heute Abend nicht ausreichen – »man weiß ja nie, wie viele Freunde kommen«, gibt Michelle Nussbaumer zu bedenken –, stehen noch zwei besonders schöne Stücke mit bestickten Bezügen rechts und links des Bauernschrankes bereit. Sie stammen aus einem Berner Bürgerhaus und wurden bei einem Händler im Tal gekauft, ebenso wie die antike Truhe vor dem Fenster. Auf ihr haben sich über die Jahre noch weitere Raritäten angesammelt.

Alles, was sich in diesem und in den benachbarten Zimmern befindet, scheint eine weite Reise hinter sich zu haben. Durch die Zeit oder über die Kontinente. Zu den hiesigen Antiquitäten aus dem 17. Jahrhundert, die teilweise schon vor dem Einzug im Haus standen, gesellen sich nämlich auch viele Stücke, die im Container in die Schweiz kamen. Dazu gehören die Perserteppiche, die überall im Haus die Böden bedecken, chinesisches Porzellan und Stoffe aus Indien. Sie wurden zu Kissen verarbeitet, dienen als Wandbehang oder Bettüberwurf. Den eklektischen Material- und Mustermix akzentuieren Vorhänge mit großflächigen Dessins, die Michelle Nussbaumer selbst entworfen hat. Ihre in leuchtenden Farben umgesetzten Ikats und Indiennes werden in Amerika auf Baumwolle und Leinen gedruckt. Um dem Salon mehr Tiefe und Spannung zu geben, ließ die Interiordesignerin den Ausschnitt eines Barockgemäldes auf ein elastisches Polyestergewebe aufbringen und bespannte damit die Wand über dem Sofa. Das gleiche Prinzip brachte sie auch in ihrem Schlafzimmer zur Anwendung – es liegt als einziges auf der gleichen Etage –, wo eine liebliche Szene den Hintergrund des Doppelbettes bildet.

Die Hausherrin beweist Fingerspitzengefühl. Das wurde bereits an der Southern Methodist University (SMU) in Dallas, wo sie Schauspiel und Bühnenbild studierte, geschult. Als noch prägender bezeichnet sie allerdings die Zeit, die sie in Rom verbrachte. Gerade verhei-

Vorherige Seite: Das Esszimmer ist angefüllt mit Blumen und alpenländischen Antiquitäten.
Linke Seite: Zum Anwesen gehört ein großer Garten. Im Pavillon trifft man sich am Nachmittag auf eine Tasse Tee.
Oben: Das Lesezimmer liegt in einer Reihe mit dem Salon und dem Esszimmer. Der bunt bedruckte Baumwollstoff stammt aus der Kollektion von Michelle Nussbaumer.

ALLES, WAS SICH IN DIESEM UND IN DEN BENACHBARTEN ZIMMERN BEFINDET, SCHEINT EINE WEITE REISE HINTER SICH ZU HABEN. DURCH DIE ZEIT ODER ÜBER DIE KONTINENTE.

Oben: An einer Wand des Salons hängt eine auf Stoff gedruckte barocke Szene. Zum Ecksofa werden goldgefasste Sessel kombiniert. Überall liegen bunt gemusterte Kissen.
Links: Stillleben à la Michelle – mit leichter Hand dekoriert.
Rechte Seite: Auf der Truhe stapeln sich alte Bücher vom Pariser Flohmarkt. Auch die Gouache stammt aus Frankreich.

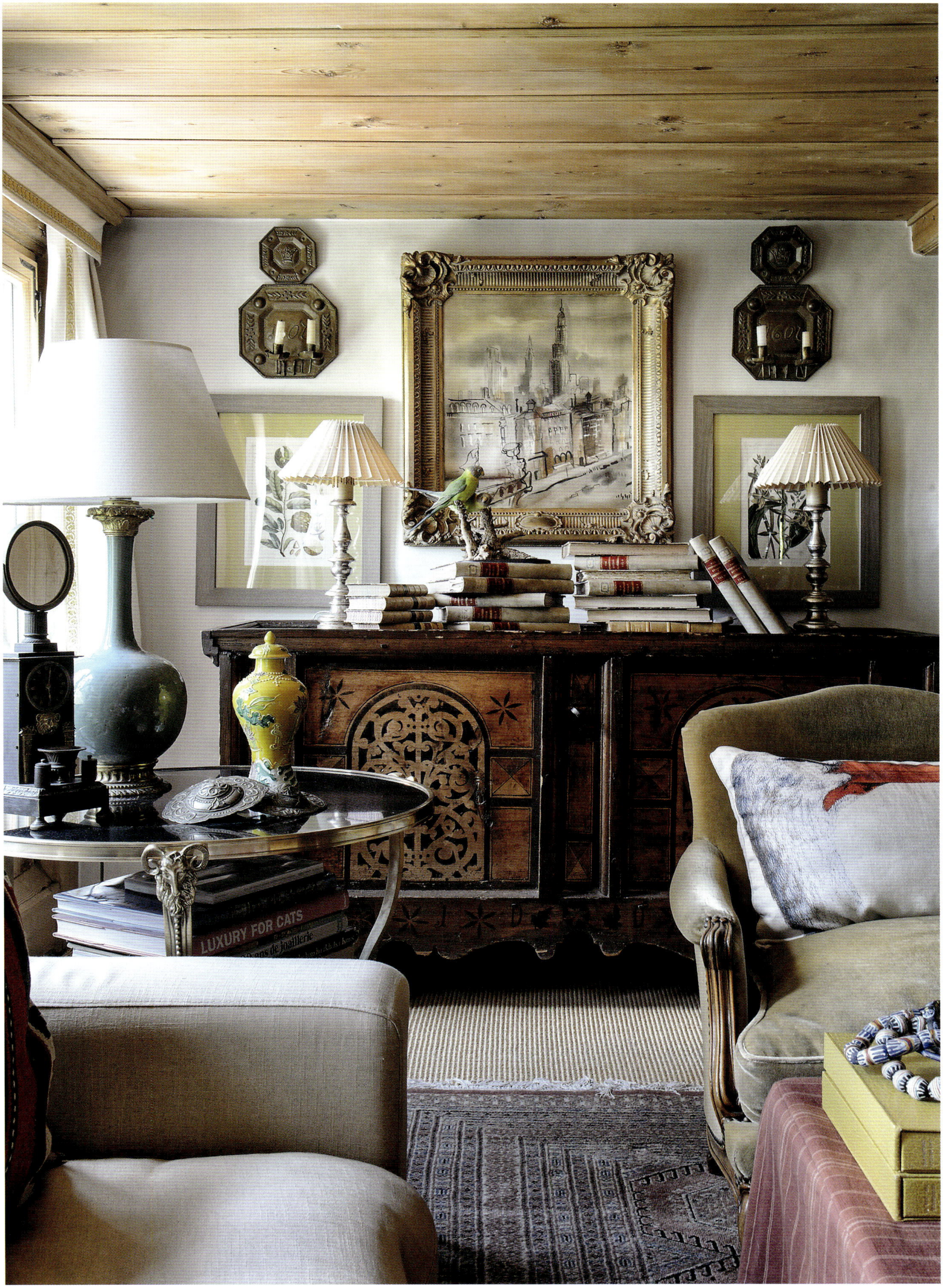
LUXURY FOR CATS

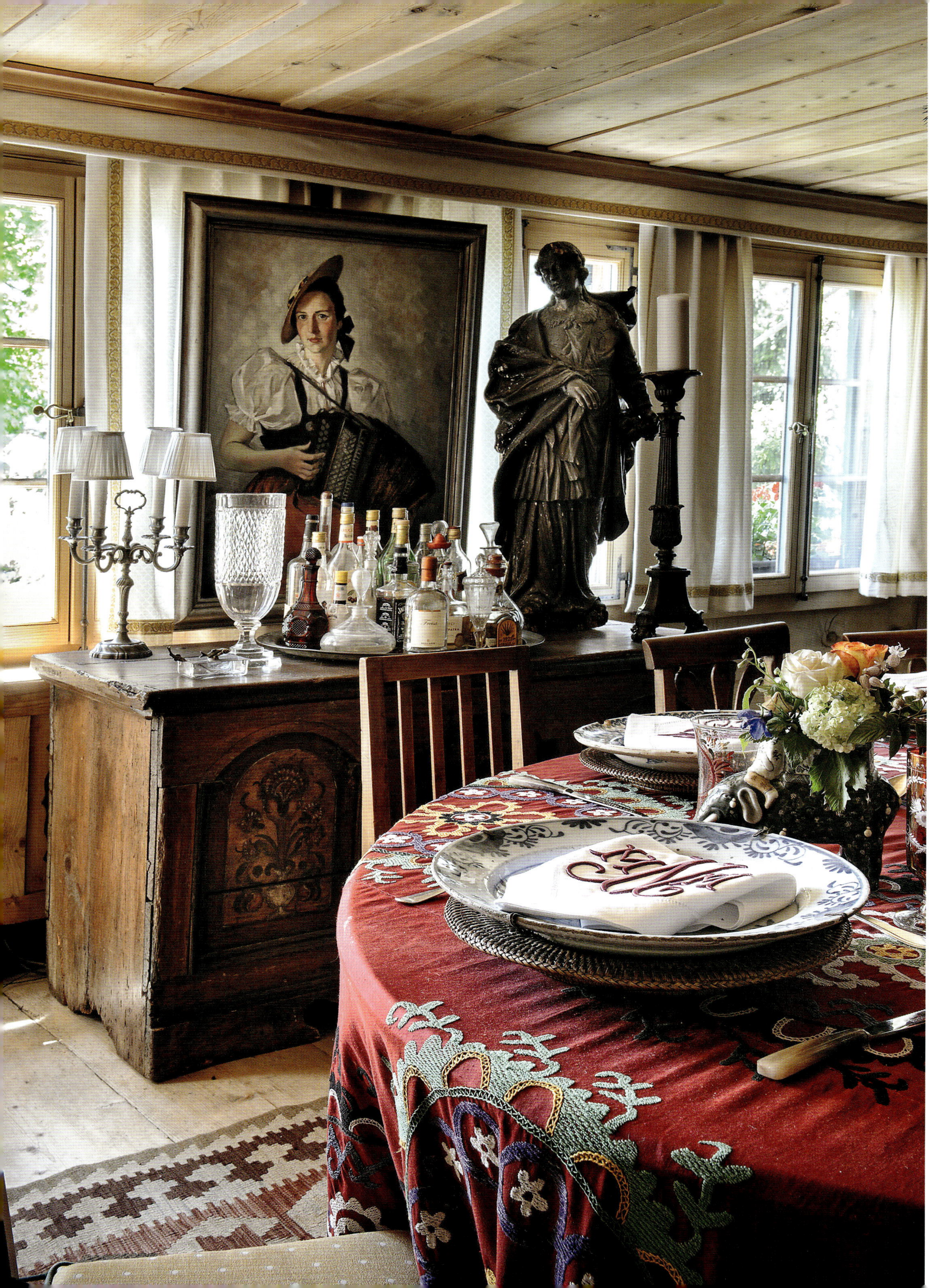

ALLES IST EIN BISSCHEN DICK AUFGETRAGEN. DOCH GENAUSO LIEBT SIE ES. IHR EINRICHTUNGSSTIL WIRKT DENNOCH NICHT ÜBERTRIEBEN, EHER VON BESTECHEND DEKORATIVER NOTE. MIT LEICHTER HAND SCHÖPFT DAS MULTITALENT AUS DEM VOLLEN.

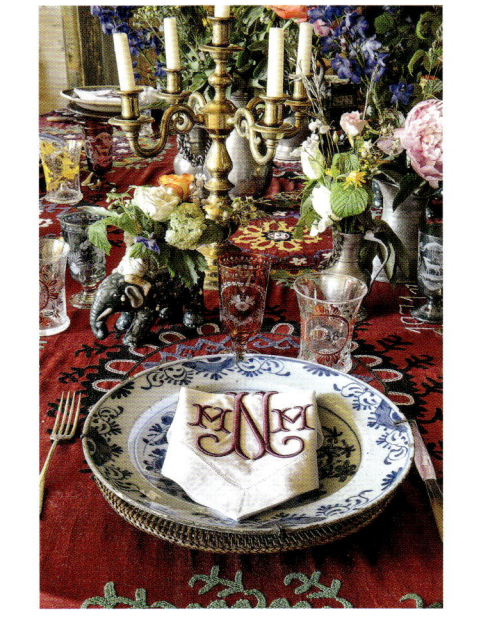

Links: Auf der alten Truhe fanden eine gut sortierte Hausbar und eine Heiligenstatue zusammen. Dahinter hängt das Porträt eines Mädchens mit Akkordeon.
Oben: Durch die Türe blickt man in den Salon und das Lesezimmer.
Rechts: Die Teller fand die Hausherrin in Delft, Spanien und Portugal.

MICHELLE NUSSBAUMER, SAANEN

ratet, zog das junge Paar 1984 nach Italien. Während ihr Mann in Cinecittà Projekte realisierte, durchstreifte Michelle die Ewige Stadt und begeisterte sich an jedem einzelnen Detail. »Wir wohnten an der Via Appia gleich neben dem Modeschöpfer Valentino und dem Regisseur Franco Zefirelli. Ihre Häuser waren vom legendären italienischen Inneneinrichter Lorenzo Mongiardino ausgestattet worden. Das hat mich maßlos beeindruckt«, erzählt sie. Bald begann die junge Frau, Antiquitäten zu sammeln, die Wochenmärkte abzuklappern und in den Gassen der Altstadt nach kleinen Handwerksbetrieben zu suchen. Ihre Trouvaillen schickte sie nach Amerika, wo sie reißenden Absatz fanden. »Rom war voller Versprechungen, Schönheit und Inspiration. Wie konnte man hier nicht glücklich sein?«, fasst sie die vier Jahre zusammen.

Nach der Geburt ihres ersten Sohnes zog das Paar nach Los Angeles. Bernard Nussbaumer produzierte Musikvideos. Michelle eröffnete ein Antiquitätengeschäft. »Es lief so gut, dass mein größtes Problem darin bestand, genug Ware auf Lager zu haben. Wir waren ständig ausverkauft«, sagt sie. Die Kontakte nach Europa zahlten sich aus. Um für mehr Vielfalt zu sorgen, ging sie bald regelmäßig auf Reisen. Nach Istanbul, Indien, China und Mexiko. Hier fand sie das, was zu ihrem Markenzeichen wurde: Textilien mit ausdrucksstarken Mustern in bunten Farben und handwerklich hergestellte Wohnaccessoires. Als die Nussbaumers 1996 mit vier Kindern nach Dallas zurückgingen, gründete Michelle das Label Ceylon et Cie. Ihre Interieurs werden seit Jahren in den größten amerikanischen Einrichtungsmagazinen – *AD*, *Veranda*, *House Beautiful* – gezeigt. Zu ihren Kunden gehören Ölmilliardäre und Hollywoodstars wie die Schauspielerin Gwyneth Paltrow, die ihre Marke Goop im Winter 2014 mit einem Pop-up-Shop in Dallas vorstellte. Michelle Nussbaumer gestaltete die Verkaufsräume.

Die Schau wurde ein großer Erfolg, doch schon vor deren Ende verabschiedete sich die Einrichterin und machte sich auf den Weg in die Schweiz. Schließlich würden über die Weihnachtsfeiertage alle vier, bereits erwachsenen Kinder mit ihren Freunden und Freundinnen in die Alpen kommen. »Das Chalet ist am schönsten, wenn es voller Leben ist. Wir haben acht Schlafzimmer und können bis zu sechzehn Leute beherbergen. Es ist nicht alles perfekt wie in Amerika, dafür aber umso charmanter«, sagt sie. Egal welche Jahreszeit, zu Michelle Nussbaumers Besorgungen in Saanen gehört neben dem Besuch beim Antiquitätenhändler immer auch ein Einkauf im Blumengeschäft: »Während des Winters haben wir einen Garten im Haus. Im Sommer ist es die Erweiterung der Natur rundum.«

Links: In der Garderobe steht eine bequeme Bank. Die Polster ließ die Designerin mit dem eigenen Stoff beziehen. An einem Hirschgeweih hängen Hüte und ein Blumenkranz.
Rechte Seite: Neben der Küche gibt es eine rustikale Sitzgruppe, an der gefrühstückt wird. Davor liegt ein Balkon mit Terrasse.

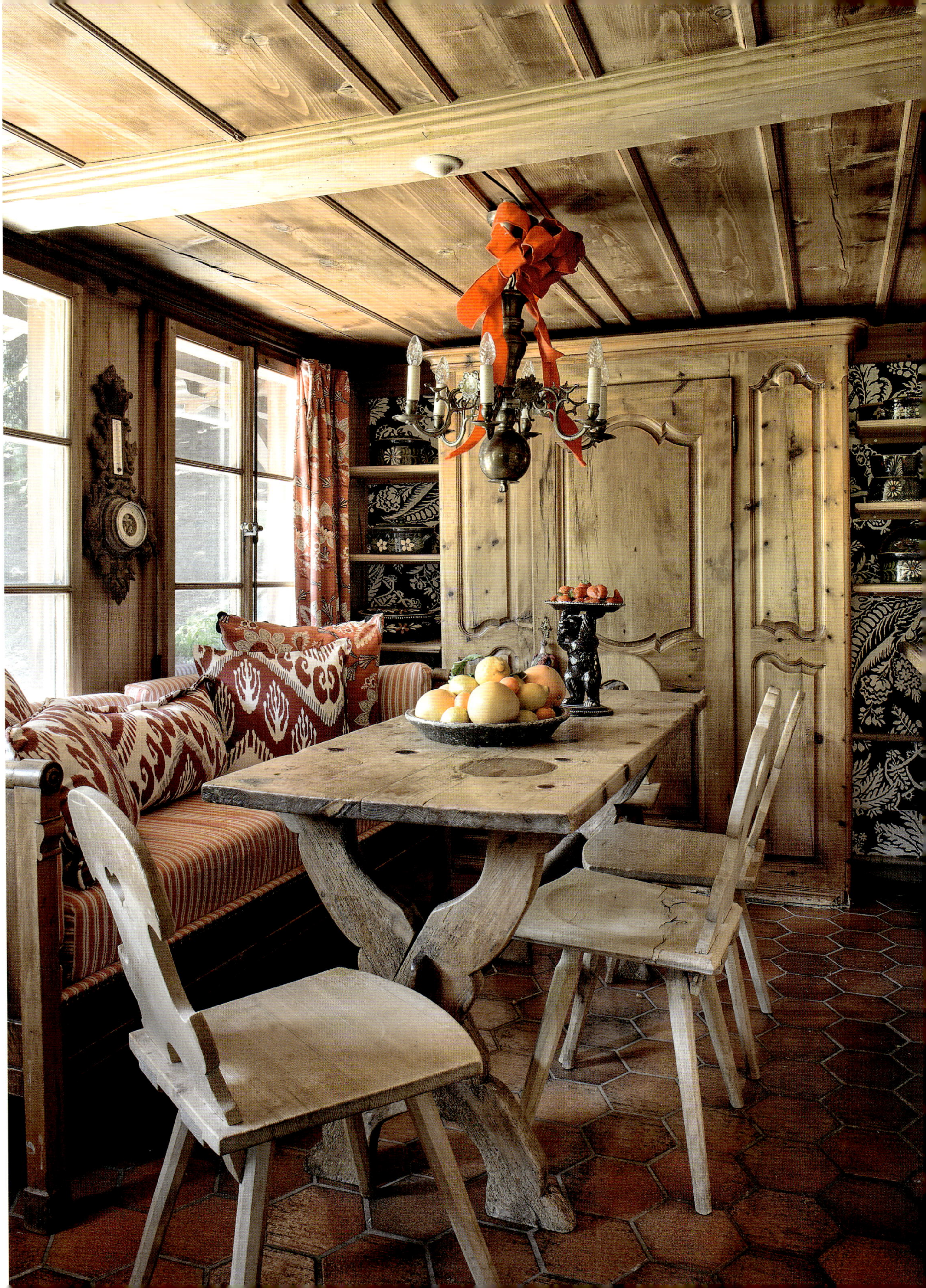

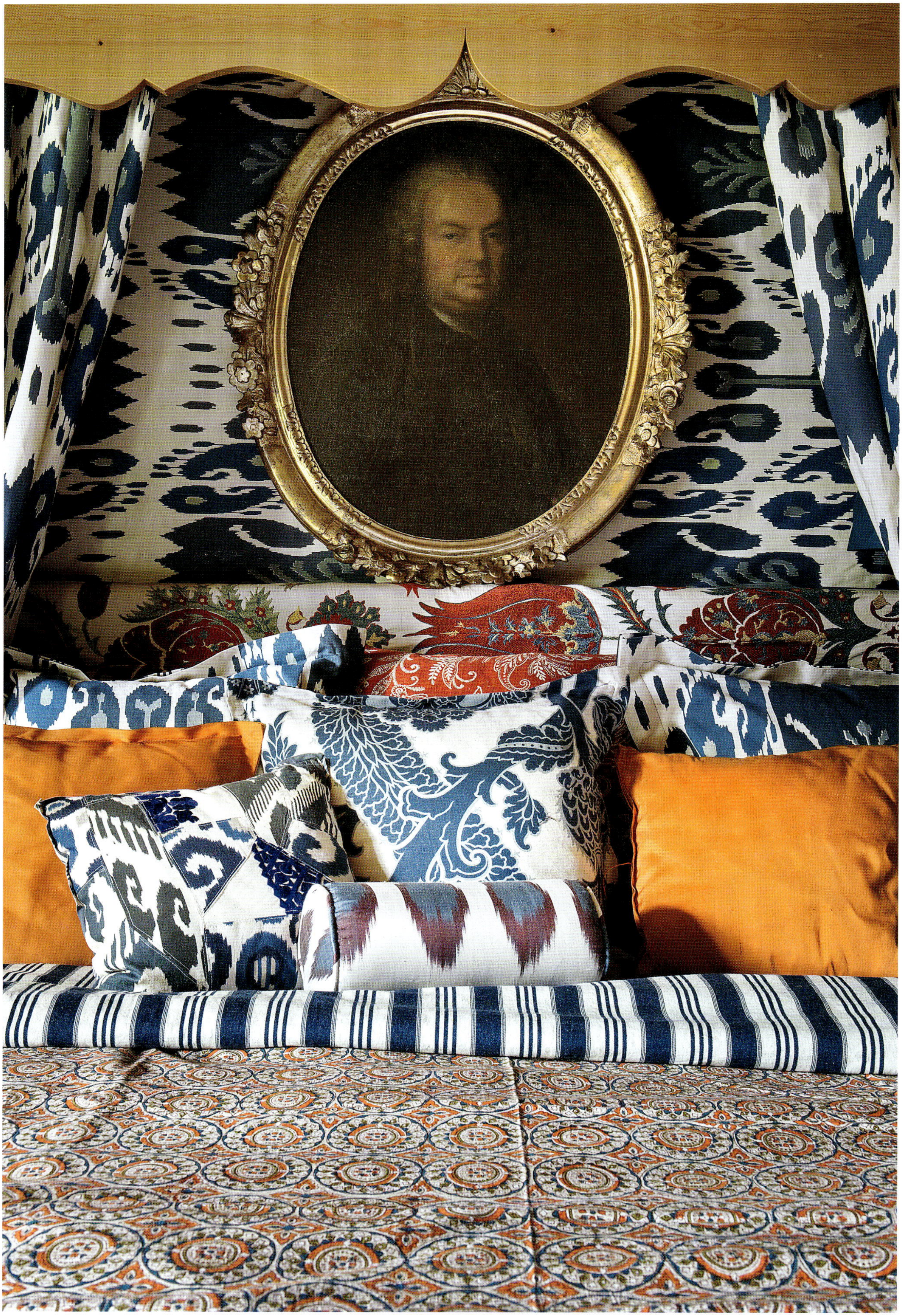

»DAS CHALET IST AM SCHÖNSTEN, WENN ES VOLL IST. WIR HABEN ACHT SCHLAFZIMMER UND KÖNNEN BIS ZU SECHZEHN LEUTE BEHERBERGEN.«

Linke Seite: In einem der Gästeschlafzimmer im zweiten Stock wurde die Nische hinter dem Bett mit blau-weißem Ikat ausgeschlagen.
Oben: Auch im privaten Reich von Michelle Nussbaumer treffen Blumenmuster auf barocke Malerei und antike Möbelstücke.
Links: Der Nachttisch bekam eine Husse aus weißem Leinen, die Rosen stehen in einem Topf aus chinesischem Porzellan.

FEUTERSOEY

HEIMETLI

Für ihr Chalet in idyllischer Alleinlage wählten Magdalena und Beat Stuber authentische und natürliche Materialien. Damit schufen sie ein Zuhause, in dem man unweigerlich zur Ruhe kommt, sobald man es betreten hat.

„Willst du immer weiter schweifen? Sieh, das Gute liegt so nah. Lerne nur das Glück ergreifen, denn das Glück ist immer da." Johann Wolfgang von Goethes Vierzeiler entstand 1827, und es mag verwundern, wie eindringlich seine Worte noch heute in unseren Ohren klingen. Hat sich der Mensch in seinem Innersten trotz technologischen Fortschritts kaum verändert? Es scheint so. Die Sehnsucht nach einem Ort, der Ruhe, Geborgenheit und vor allem Vertrautheit vermittelt, steckt wohl in jedem von uns. Ein Paar aus Zürich führte sie in ein Tal bei Gstaad.

Beat Stuber und seine Frau Magdalena suchten über viele Jahre in St. Moritz Abstand und Erholung vom Leben in Zürich. Bis sie eines Tages von einem Freund ins Berner Oberland eingeladen wurden. Schon auf der Hinfahrt schien ihnen die Landschaft so lieblich und willkommen heißend, dass sie sich sofort wohlfühlten. Als ihr Bekannter ihnen beim Abendessen von einem

Heimetli erzählte, welches in der Nähe zum Verkauf stand, beschlossen sie, sich das Haus anzusehen. Auf einer schmalen Straße fuhren sie im Sommer 2003 vom Tal der Saane den Berg hinauf. Bald nachdem sich der Wald gelichtet hatte und nur noch grüne Wiesen den steil ansteigenden Hang bedeckten, stand das Chalet vor ihnen. Bescheiden und einfach, über eine kleine Einfahrt von der Straße aus zu erreichen.

Das 1650 erbaute Haus wurde von einer alleinstehenden Bäuerin bewohnt. Zum Anwesen, das in der Landwirtschaftszone liegt, gehörten sechs Hektar Wiesen rundum. Weil die Wohnparzelle ausgezont und zu Bauland umgewidmet werden konnte und das Nutzland von einem benachbarten Betrieb übernommen wurde, war der Verkauf möglich. »Wir können uns glücklich schätzen, denn wegen der neuen strengen gesetzlichen Regelungen zu Zweitwohnsitzen lässt sich heute in der Schweiz ein solches Projekt nicht mehr realisieren«, sagt Beat Stuber.

Die Leitung aller Angelegenheiten übertrug er dem Architekten Stephan Jaggi. Er hat jahrzehntelange Erfahrung mit der Sanierung alter Chalets. Um dort, wo früher Kühe und Schweine standen, moderne Wirtschaftsräume, Haustechnik und einen Weinkeller einziehen zu lassen, sollte der komplette Steinsockel neu gemauert werden. Dafür musste man jedoch die auf ihm liegende Holzkonstruktion erfassen, nummerieren und abtragen. Das geschah zuerst mit der einen Haushälfte und schließlich mit der anderen. Eine solche Vorgehensweise wird dann gewählt, wenn am Äußeren eines Gebäudes nichts verändert werden darf. Zudem gibt sie den Handwerkern die Möglichkeit, im selben Arbeitsgang beschädigte Teile auszuwechseln. Auch für die neuen Böden setzte man Hölzer und Tonplatten ein, die anderswo ihren Dienst bereits getan hatten. Über den Türen kamen Sturzbretter zum Liegen, deren geschwungene Form in einem alten Haus in Lauenen dokumentiert wurde. Für das Dach reiste eine Bauernfamilie aus dem Simmental an. Sie verlegte die mit dem Beil selbst gespaltenen Holzschindeln immer am Nachmittag. Der Vormittag blieb für die Arbeit auf dem eigenen Hof reserviert.

Der Architekt nahm seine Auftraggeber auch bei der Hand, als es um die Ideen für den Innenausbau auf 260 Quadratmetern Wohnfläche ging. »Wir haben uns viele bereits sanierte Häuser in der Region angeschaut. Aber wirklich gefallen hat mir keines. Das meiste war zu aufgesetzt und künstlich«, erinnert sich Magdalena Stuber. Sie dagegen wollte die Einfachheit bewahren und die Natur ins Haus holen. Der erste Schritt in diese Richtung war die Öffnung des oberen Stockwerks bis unter den Dachgiebel und die Zusammenlegung von Wohnhaus und Scheune. So gewann man einen herrlich luftigen Raum, der dank mehrerer Tricks über ungewöhnlich viel Tageslicht verfügt. Zum einen ließ man drei Dachflächenfenster einbauen, zum anderen wurde im

Bereich der ehemaligen Scheune eine sogenannte Gimwand realisiert. Sie besteht aus mit Abstand gesetzten Holzbalken, durch deren Mitte eine dicke Glasscheibe läuft.

Um ihren eigenen Stil zu finden, nahm sich die Hausherrin viel Zeit. Ein besonderes Faible fürs Einrichten hatte sie schon in ihrem Heim in der Stadt Zürich bewiesen, doch die Berge verlangten nach einem anderen Konzept. Sie studierte unzählige Bücher zum Thema Wohnen in den Alpen und sammelte alles, was sie in Zeitschriften über rustikale Interieurs finden konnte. Schließlich machte sie noch die Bekanntschaft mit einem Inneneinrichter aus Wimmis, der sie tatkräftig bei der Auswahl und Verarbeitung der passenden Stoffe für Vorhänge, Kissen und Decken unterstützte. In seiner Polsterei wurden auch die beiden Sofas für das Wohnzimmer auf Maß gefertigt. Sessel, die schon vorhanden waren, bekamen neue Bezüge. Zu Leinen und Wollfilz wählte man schmiedeeiserne Vorhangstangen, die so wunderbar mit den Lichtschaltern aus geschwärtem Stahl harmonieren.

Lebhaft erzählt Magdalena Stuber von einem produktiven Arbeitstreffen, das 2004 in den noch leeren Räumen stattfand und bis tief in die Nacht dauerte. Man habe Pizza bestellt und Rotwein aus Kaffeetassen ge-

Vorherige Doppelseite: Das alte Chalet liegt am Hang oberhalb von Feutersoey, einem Ortsteil der Gemeinde Gsteig. Das Dach ist nach alter Tradition mit Holzschindeln gedeckt.
Linke Seite: Der Treppenaufgang wurde bei der Renovierung im Jahr 2004 neu eingebaut.
Oben: Im Wohnzimmer stehen zwei beige Sofas vor einem Steinkamin. Auf Bänken zu beiden Seiten des Feuers gibt es weitere Sitzplätze.

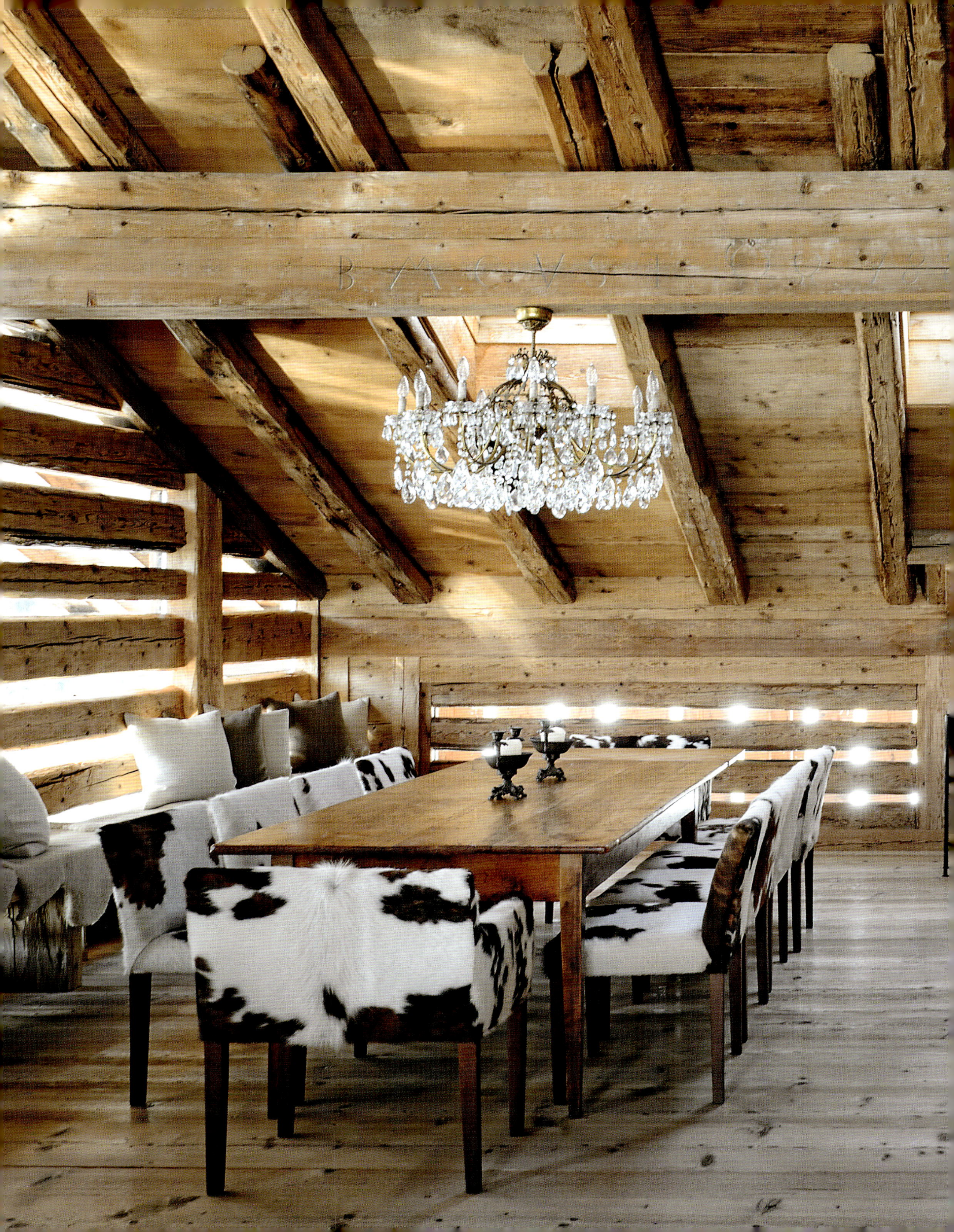

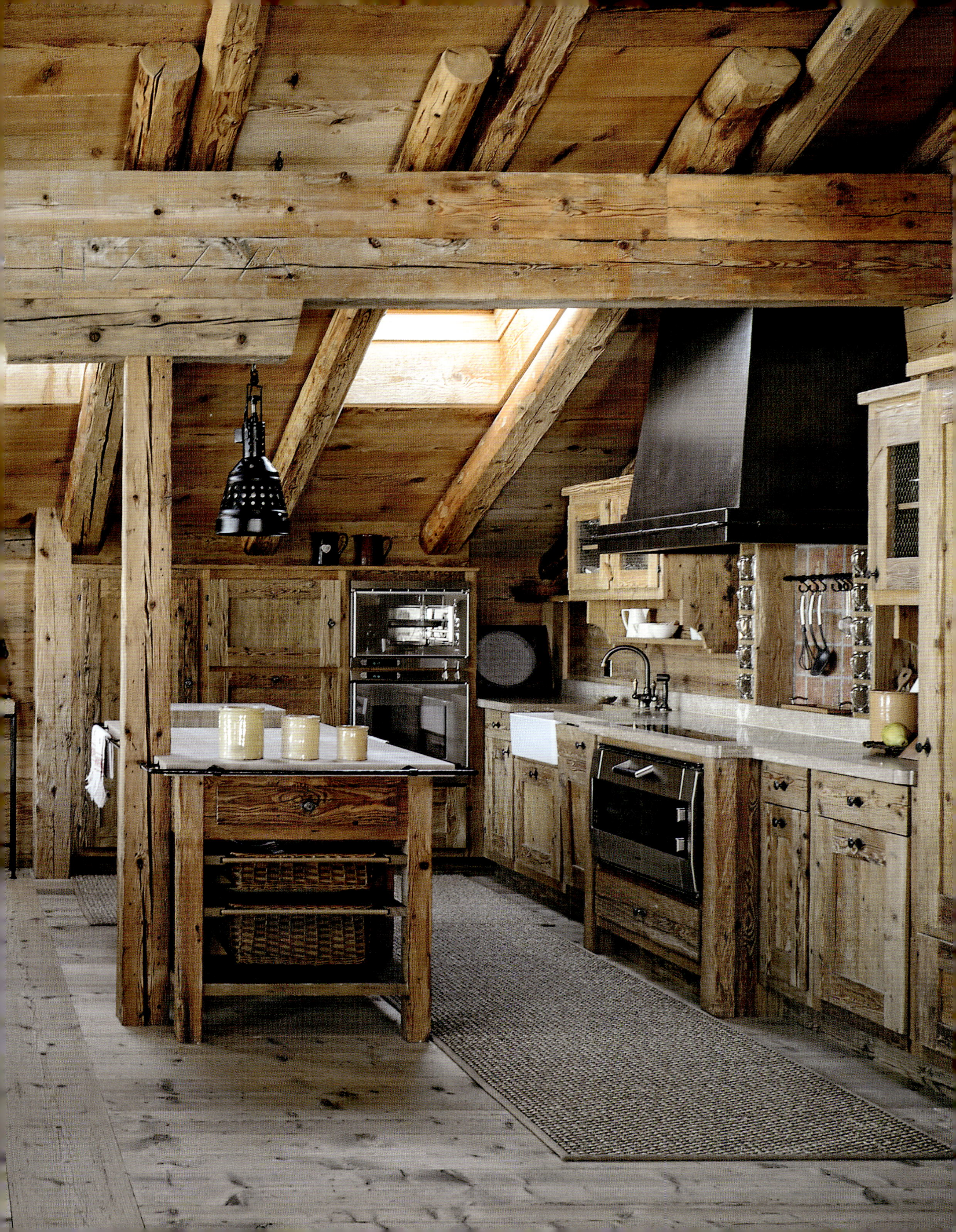

Vorherige Doppelseite: Beim Umbau wurde das alte Holzhaus komplett abgetragen und wieder neu aufgebaut. Dabei konnten beschädigte und morsche Teile ersetzt werden.
Links: Im großen Wohnraum stehen vor der zum Tal gerichteten Giebelwand zwei alte Ledersessel. Hier lässt sich das Ehepaar gerne nieder.
Unten: Wo heute der lange Esstisch mit Fellstühlen steht, war früher die Scheune. Durch die dicken Holzbalken verläuft eine Glasscheibe, die das Haus gegen Wind und Wetter abdichtet.
Rechte Seite: Die offene Küche liegt gleich neben dem Essbereich. Eine nostalgische Theke dient zum Arbeiten und Servieren. Altes Leinen stammt aus Familienbesitz oder vom Flohmarkt.

MAGDALENA STUBER WOLLTE DIE EINFACHHEIT BEWAHREN UND DIE NATUR INS HAUS HOLEN.

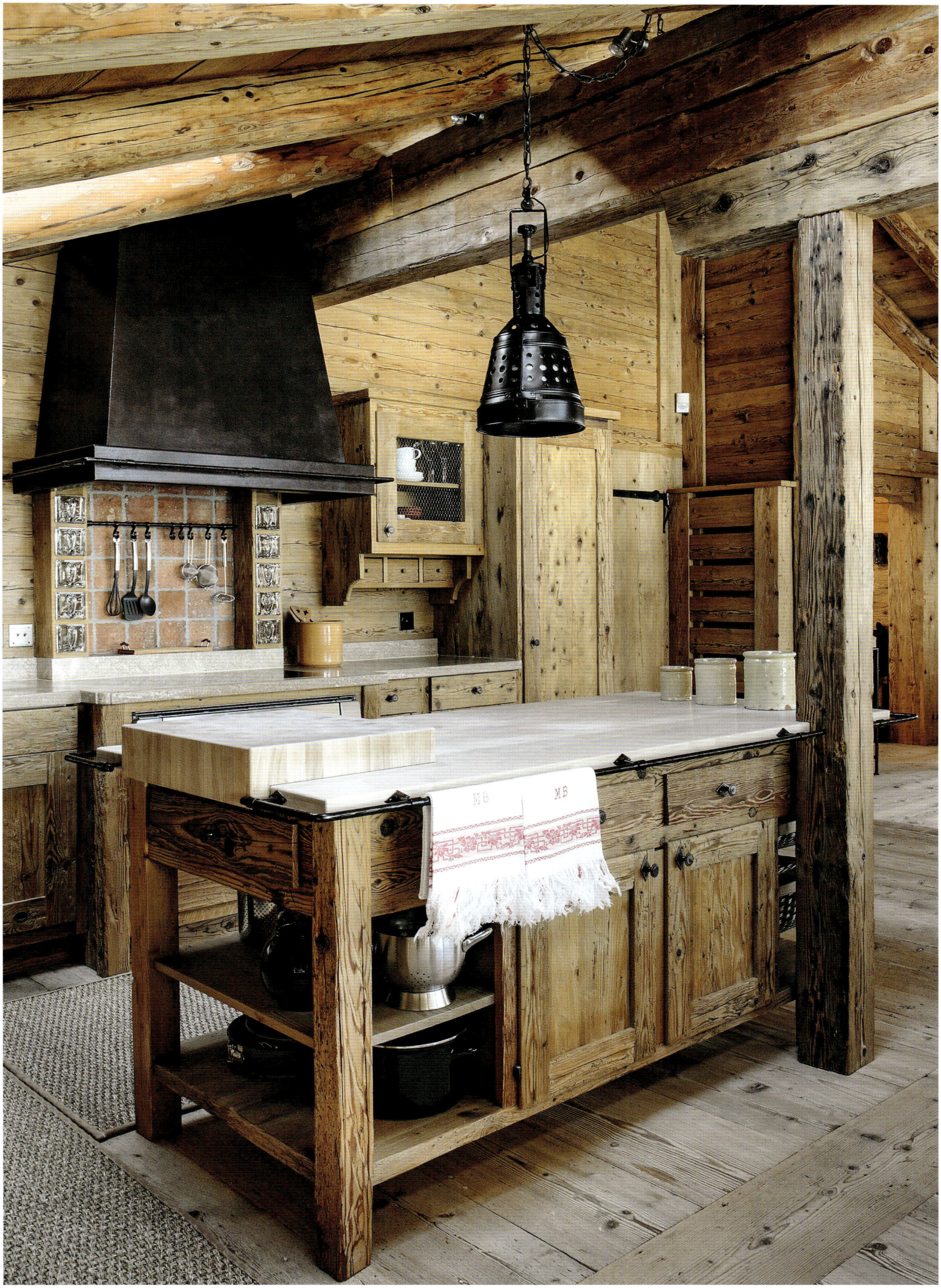
MB

trunken, weil nichts anderes im Haus war. Heute könnte das nicht mehr passieren. In den Küchenschränken sind bemalte Keramik, schöne Gläser und feines Besteck verstaut. Andere Dinge wie alte Leinenhandtücher und bestickte Kissen fand sie auch auf den Flohmärkten, die jeden Sommer im Tal stattfinden. Mit Monogramm versehene Stücke stammen von ihrer Großmutter.

Kommen Gäste zu Besuch, werden sie fürstlich bewirtet. So wie diesen Winter, als das Ehepaar eine Einladung für 35 Personen aussprach. Das Catering besorgte ein Freund: Spitzenkoch Robert Speth vom traditionsreichen Restaurant Chesery in Gstaad. Weil es im Wohnraum einen großen Esstisch mit zehn Stühlen, eine lange Bank entlang der Stallwand, bequeme Ledersessel, zwei Sofas und gepolsterte Sitznischen zu beiden Seiten des offenen Kamins gibt, musste keiner stehen. Eine Treppe weiter unten finden Freunde auch über Nacht Unterschlupf. Die Betten sind immer frisch mit Bettwäsche aus Naturleinen bezogen. Nebenan liegen eine gemütliche Stube und das geräumige Schlafzimmer der Besitzer mit Kachelofen und Blick ins Tal.

Im Heimetli gibt es aber noch eine andere Besonderheit. Der ehemalige Schuppen, in dem jahrhundertelang Gerätschaften untergebracht waren, ist heute eine Doppelgarage. Gefliest, beheizt und makellos sauber. Das hat seinen Grund. Beat Stuber sammelt Oldtimer. Jeden Sommer wählt er einen für das »Weekend des Vétérans« – eine vom Hotel Palace in Gstaad organisierte Rallye. Dieses Jahr soll es der Aston Martin DB4 sein. Als der Zürcher 1987 seine Frau kennenlernte, lud er sie auf eine Spritztour im DB6 Volante ein. Er besitzt ihn noch immer. »Zwei Dingen bin ich treu: meiner Frau und meinen Autos«, wirft er lachend ein und bekommt einen beherzten Knuff von der Seite.

EINE TREPPE WEITER UNTEN FINDEN FREUNDE AUCH ÜBER NACHT UNTERSCHLUPF. DIE BETTEN SIND IMMER FRISCH MIT BETTWÄSCHE AUS NATURLEINEN BEZOGEN.

Linke Seite: Im Gästezimmer sind zwei Kajütenbetten der Wand entlang eingebaut. Auf Berndeutsch nennt man solch eine Ruhestatt »Gutschi«.
Oben: Im Schlafzimmer liegt hinter der Balkontüre die Scheunenwand.
Rechts: Der antike Kachelofen funktioniert – wird allerdings elektrisch betrieben.

GRUBEN

UNTER STROM

Die Genfer Architektin Antonie Bertherat-Kioes baute eine alte Umformerstation der Montreux-Berner Oberland-Bahn zu einem Wohnhaus mit überraschendem Innenleben und fantastischer Fernsicht um.

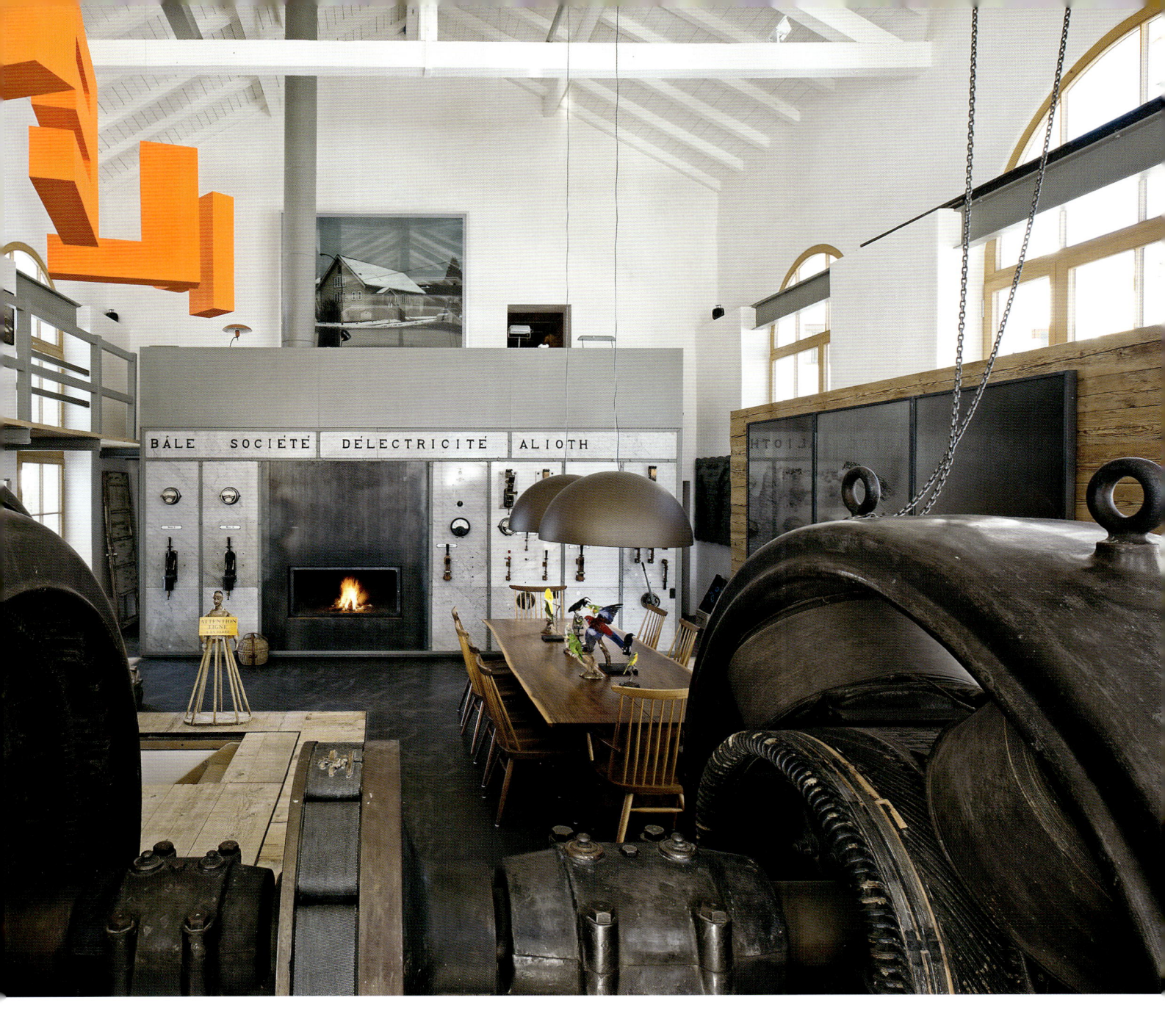

Wer sich nähert, zu Fuß oder im Zug, der sieht sofort: Dies ist kein gewöhnliches Haus. Seine weiß verputzte Fassade und die großen Fenster weisen eher auf eine industrielle Nutzung hin. Und tatsächlich, die »Usine« (so der französische Name für eine Fabrik) war einmal eine Umformerstation der »Compagnie du Chemin de fer Montreux–Oberland bernois«, der »Montreux–Berner Oberland-Bahn«, kurz MOB genannt. Hier wurde fast 100 Jahre lang die Oberleitung mit Gleichspannung gespeist. Immer wenn ein Zug von Montreux am Genfer See ins Berner Oberland fuhr, war ein anderer von Zweisimmen aus in die entgegengesetzte Richtung unterwegs. Die Motoren der bergab bremsenden Lokomotive wirkten dabei als Generatoren, die den bergauf fahrenden Zug mit Energie versorgten. Deren Verteilung und die Umformung von Drehstrom zu Gleichstrom brauchte einiges an Platz. Zwei schwere Transformatoren und eine Schalttafel aus weißem Marmor taten

Vorherige Doppelseite: In der ehemaligen Maschinenhalle stehen noch ein alter Transformator und eine Schalttafel aus Marmor.
Oben: Die Küche mit Edelstahlfronten und frei stehender Theke.
Rechts: Der Esstisch und die Stühle aus Nussbaumholz sind Originale des amerikanischen Kunstschreiners George Nakashima.
Rechte Seite: Über dem Raum hängen die orangen Lettern HELP, ein Werk von Christian Robert-Tissot.

WAS DIE ARCHITEKTIN SOFORT BEGEISTERTE, WAR DIE ALTE MASCHINENHALLE. DASS HIER DAS HERZ DES GEBÄUDES LAG UND AUCH WEITERHIN LIEGEN SOLLTE, WAR KLAR.

ab 1904 in einer hohen Maschinenhalle direkt an der Bahnstrecke ihren Dienst. Zum Tal hin waren in einem Anbau weitere Stecktafeln und ein Kellerraum für das Lagern von Öl und Werkzeugen untergebracht. Auch ein Wohnhaus stand dem Bahnwärter zur Verfügung.

Damals wie heute passiert der Zug pünktlich nach Fahrplan den Bahnhof Guben. Doch seit dem Jahr 1987 ist die Umformerstation außer Betrieb, ein modernes Elektrizitätswerk wurde auf der gegenüberliegenden Gleisseite gebaut. Als das Gemäuer schließlich verkauft werden sollte, lebte hier eine alte Dame. Die helle Maschinenhalle diente ihr als Gewächshaus, in Holzsteigen lagerten Obst und Gemüse. Die Arbeiterwohnung entbehrte jeglichen Komfort. Kein Kaufinteressent konnte damit etwas anfangen. Die Usine war so anders als die benachbarten, locker über den Hang verteilten, pittoresken Chalets aus Holz.

Erst Antonie Bertherat-Kioes erkannte im Frühjahr 2008 den Rohdiamanten, der sich hier unter einer dicken Schicht von Staub und Motorenöl versteckte. Dank ihrer Ideen wurde er mit viel Mühe und Geduld freigelegt und durch das feine Gespür für die richtigen Proportionen und Materialien zum edlen Stein geschliffen. Was die in Genf lebende Architektin sogleich begeisterte, war die alte Maschinenhalle. Dass hier das Herz des Gebäudes lag und auch weiterhin liegen sollte, war ihr sofort klar. Geprägt durch ihre akademische Ausbildung an der Unité pédagogique d'architecture in Paris und später an der Universität Innsbruck, wählte sie den Weg des Bewahrens und sorgsamen Hinzufügens mit einer Neuorganisation unter gegebenen Bedingungen. So blieben das Mauerwerk, die Stahlstruktur und die offene Dachkonstruktion unangetastet. Es zogen lediglich die neuen Nutzungen Kochen und Essen ein. Dafür musste einer der beiden Transformatoren weichen. An seiner Stelle ist nun von Wand zu Wand eine Küchenzeile aus Edelstahl eingebaut, davor steht eine lange Holztheke. Zwischen ihr und dem verbliebenen Transformatoren bleibt Platz zum Sitzen und Vorbeigehen. Auf der anderen Seite gibt es nicht nur die alte Schalttafel zu entdecken, in die ein offener Kamin mit geschwärzter Stahlblende integriert wurde, sondern auch einen großen Esstisch. Er wiederum wird von einer rohen Holzwand flankiert, hinter der die Eingangs-

Oben: Das Wohnzimmer befindet sich in einem talseitigen Anbau. Durch das große Fenster blickt man hinab auf die Landebahn des Flughafens Saanen.
Links: Die Wände wurden mit kariertem Wolltuch bespannt. Der offene Kamin ist mit Altholz verkleidet.
Rechte Seite: Wie ein Stillleben vor dem Fenster: zwei Fellsessel von Jean Royère, eine Stehleuchte von India Mahdavi und ein Holztischchen vom Flohmarkt.

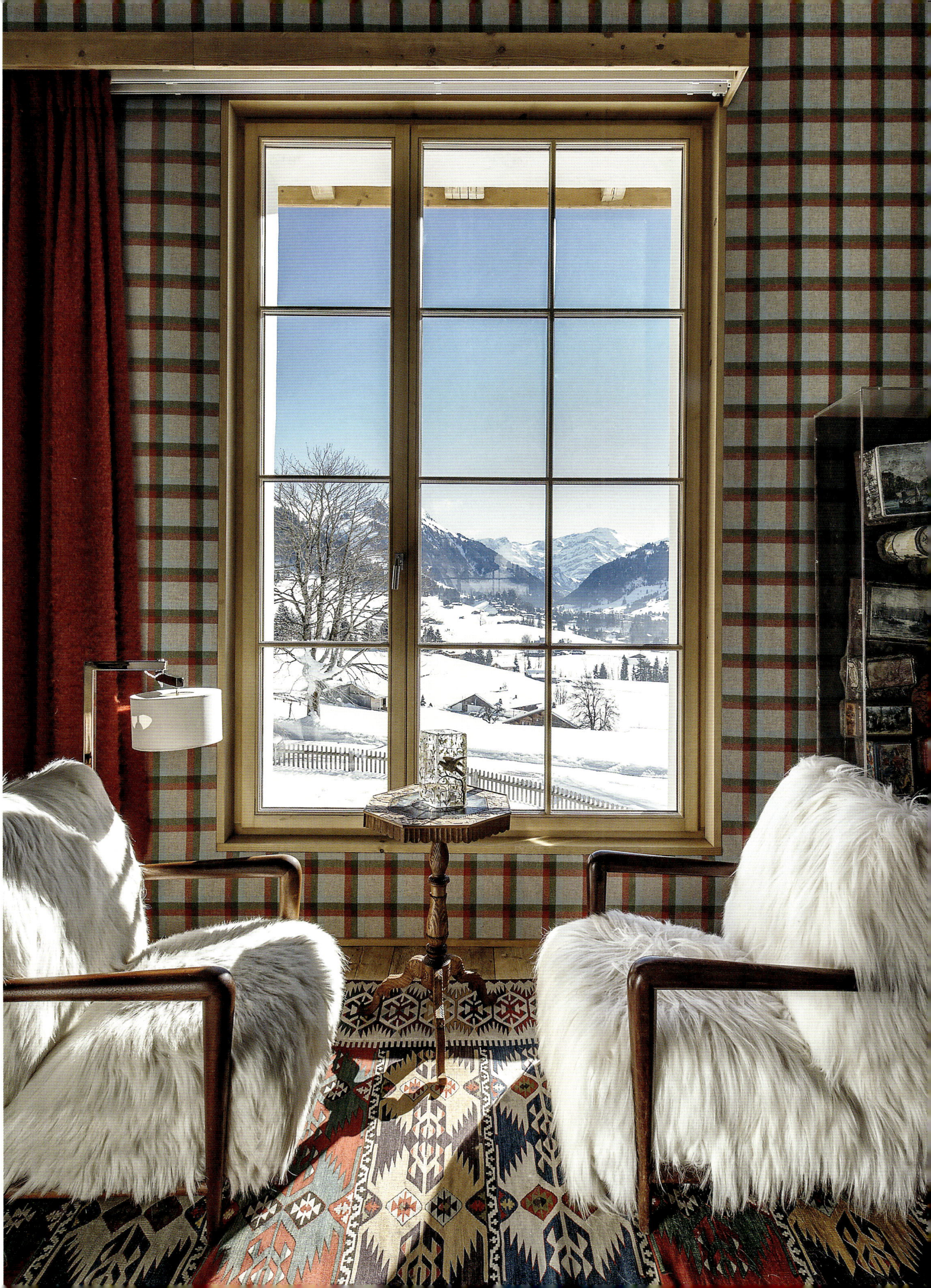

Oben: In den Master-Bedroom wurde ein Kubus aus Fichtenholz gesetzt. An seiner Stirnseite steht das Doppelbett.
Links: Hinter dem Vintage-Schreibtisch hängen zwei großformatige Gemälde von John M. Armleder.
Rechte Seite: Im Holzkubus wurde das Bad mit einer Wanne von Boffi untergebracht. Durch ein langes Fenster fällt Tageslicht.

türe in einem der Rundbogenfenster liegt. Die grau gestrichene Stahlträgerkonstruktion der Halle wurde nicht verändert, doch führt ein neuer bequemer Aufgang zur Empore, wo nun ein Büro mit mehreren Arbeitsplätzen eingerichtet ist.

Vom Maschinenraum aus gibt es zwei Zugänge in den talseitigen Anbau. Der eine führt über eine Treppe in einen erhöht gelegenen Raum, wieder mit offenem Dachgebälk. Schon zu seiner Entstehungszeit verfügte dieser über ein etwa drei mal vier Meter großes Fenster, welches wohl für gutes Arbeitslicht sorgen sollte. Das kam nun, im neuen Wohnzimmer, mehr als gelegen. Welches Chalet im Saanenland besitzt schon solch ein bauliches Detail? Kaum eines. Die rigorosen Bauvorschriften verbieten offene Glasfronten. Stattdessen tragen die Fassaden die typischen kleinen Sprossenfenster. So lässt sich auch die Auflage der Baubehörde deuten:

Vor die große Glasscheibe der Usine musste ein Gitter aus feinen Holzleisten gesetzt werden. Doch der Blick fällt auch so auf die weitläufige Ebene mit Gstaad, Saanen und der Landebahn des örtlichen Flugplatzes sowie auf das fantastische Alpenpanorama, das sich dahinter aufbaut. Das bodentiefe Fenster ist aber nicht das einzige im Haus. Ein Pendant befindet sich im Raum darunter, der ebenerdig liegt. Dieser ist vom Maschinenraum aus durch eine seitlich der Schalttafel liegende Luke über eine einfache Holztreppe zu erreichen. Doch bevor hier eine großzügige Suite eingebaut werden konnte, mussten erst der Boden und weitere drei Meter des Erdreichs abgetragen werden. Zu stark waren die industriellen Verschmutzungen. Auch hier wollte die Architektin die Außenmauern nicht antasten und setzte das Bad in einen autonomen Holzkubus. Wie ein Haus im Haus – sogar mit richtigen Fenstern. Dessen Rückseite dient

ALLE ACHT SCHLAFZIMMER UND MEHRERE BÄDER SIND DIREKT UM DEN ERSCHLIESSUNGSKERN HERUM GRUPPIERT. MAN BETRITT SIE ÜBER DAS TREPPENHAUS.

Oben: In die Kinderzimmer ließ man Kajütenbetten einbauen. Die Wand trägt Karos in Pink, knalliges Gelb setzt Akzente.
Links: Die Treppe zieht sich als zentrale Achse über die ganze Länge des Wohnhauses und verbindet drei Etagen.
Rechte Seite: In einem der Gästezimmer stehen alte Bauernmöbel. Die dunklen Bärenstühle kommen aus dem Schnitzerdorf Brienz.

dem Bett als Kopfteil. Ganz bequem kann man von hier aus die Aussicht auf das Tal genießen.

Nun gab es nur noch zwei Probleme. Wie ließe sich die Usine zum alten Wohnhaus, das bislang über keinen direkten Zugang verfügte, öffnen? Und wie könnte der Übergang möglichst fließend gestaltet werden? Die Architektin entschied sich für einen breiten Durchbruch im Erdgeschoss und eine neue, zentrale Treppe, die direkt dahinter beginnt. Ihre Stufen laufen kerzengerade durch die ganze Länge des Hauses, von Stockwerk zu Stockwerk bis in die dritte Etage. Das erforderte auch ein neues Raumprogramm. So sind alle acht Schlafzimmer und mehrere Bäder um den Erschließungskern herum gruppiert. Man betritt sie über das Treppenhaus.

Das unkonventionelle Vorgehen der Gestalterin spiegelt sich auch in der Einrichtung wider. Nichts liegt ihr ferner, als in ein Geschäft zu gehen und Möbel zu bestellen. Alle Stücke, die im Haus eine Heimat gefunden haben, sind mit viel Mühe und Geduld bei Händlern und auf Auktionen zusammengetragen. Es dauerte einige Jahre, bis das Wohnzimmer seinen heutigen Perfektionsgrad erreichte. Den Anfang machte ein raumgreifendes Ecksofa der Pariser Interiordesignerin India Mahdavi, das mit weichem Hirschleder aus Österreich bezogen ist. Der Schaffellsessel – 1924 von Jean-Michel Frank gezeichnet, 2011 von Hermès editiert – und der »Eiersessel« von Jean Royère kamen erst später dazu. Auch die Sitzgruppe vor dem Regal, das die gesamte Rückwand des Zimmers einnimmt, fand nach und nach zusammen. Sie besteht aus einem großen Sofa mit massivem Eichenholzrahmen von 1937, das wiederum vom Pariser Einrichter Jean Royère stammt, und aus Polstermöbeln dänischer Herkunft, die mit Plüsch überzogen sind. Gleich daneben stehen vor einem Fenster

Imagination is more important than knowledge

noch einmal zwei Royère-Sessel mit zotteligem Fellbezug – wahre Raritäten. Auch die Stehleuchten aus den 1950er-Jahren lassen so manches Sammlerherz höherschlagen. Gekrönt wird das erlesene Vintage-Mobiliar durch Kunstwerke. An einer Wand des Wohnzimmers hängt eine großformatige schwarz-weiße Tintenzeichnung von Ugo Rondinone. Über dem Kamin vis-à-vis gibt es bunte Bauernszenen und -porträts von Schweizer Malern des 19. Jahrhunderts. Großformatige Fotografien finden im Wohnzimmer wie auch im Maschinenraum Platz, darunter Werke von Balthasar Burkhard und Eric Poitevin. Humor beweist die Genfer Künstlerin Sylvie Fleury: An der Holzwand gegenüber dem Eingang heißt ihr blank polierter Schriftzug »Be famous« Gäste willkommen, und im Flur stehen ein paar Fellstiefel aus ihrem Atelier, die wie echt aussehen, aber aus weißem Marmor gemeißelt sind.

Um den Salon wohnlich zu machen, kamen viele Stoffe zum Einsatz. Bunte Wollkaros webte die französische Manufaktur Arpin extra für die Usine. Die Vorhänge wurden aus flauschigem Mohair in Rot und Lila genäht. Dafür blieben die Wände im ehemaligen Maschinenraum weiß. Sie tragen einen glatten Kalkputz, der nur durch die grau gestrichenen Stahlträger durchbrochen wird. Die Treppe im Wohnhaus wiederum wurde aus unbehandeltem Fichtenholz gebaut. Dieses für die Region typische Material herrscht auch in den Schlafzimmern vor. Zwei davon sind mit Kajütenbetten ausgestattet, in den übrigen finden sich viele handbemalte Bauernmöbel und traditionelle Schnitzarbeiten aus Brienz.

Wenn die GoldenPass-Linien der MOB hinter dem Haus vorbeifahren, bleibt es erstaunlich ruhig. Oftmals kreuzen sich die Züge am Bahnhof Gruben und fahren dann mit gedrosselter Geschwindigkeit. Doch wer hier zusteigen will, muss dies vorher anmelden. Die Bahn hält nur auf Verlangen. Unterschlupf finden die Reisenden nach wie vor in einem kleinen Wartehäuschen, das ans Wohnhaus angebaut ist. Mit neugierigen Blicken schauen die meisten durch die großen Rundbogenfenster des ehemaligen Maschinenraums und wüssten nur zu gern, wer hier wohl eingezogen ist.

Linke Seite: Viele der Antiquitäten stammen von Auktionen. So auch das alte bemalte Himmelbett.
Oben: Die Usine liegt im Gstaader Ortsteil Gruben direkt an der Zugstrecke nach Schönried.

Gstaad

WEISS WIE SCHNEE, GRÜN WIE GRAS

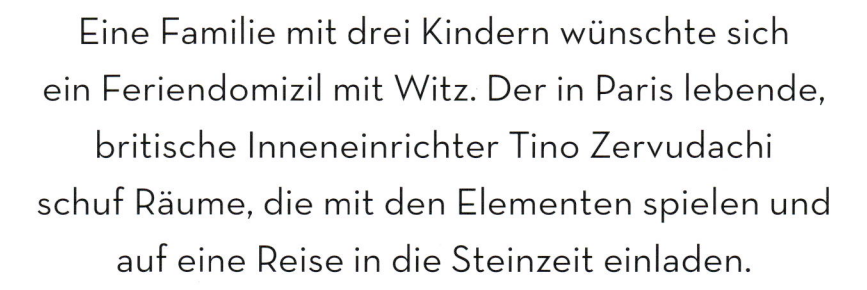

Eine Familie mit drei Kindern wünschte sich ein Feriendomizil mit Witz. Der in Paris lebende, britische Inneneinrichter Tino Zervudachi schuf Räume, die mit den Elementen spielen und auf eine Reise in die Steinzeit einladen.

Erinnern Sie sich an Fred Feuerstein? Wie er in der amerikanischen Fernsehserie *The Flintstones* von 1960 und im Film, der 1994 in die Kinos kam, mit seinem Steinmobil allmorgendlich zum Arbeiten fuhr. Und an seine Frau Wilma, die ihr Zuhause mit einem niedlichen Babyelefanten-Staubsauger auf Vordermann brachte. Wenn sie mal keine Lust auf den Abwasch hatte, für den ihr der Hauselefant frisches Wasser durch seinen Rüssel pumpte, benutzte sie einfach die Oktopus-Spülmaschine. Ganz zu schweigen von den Diensten, die die Vogel-Nähmaschine und das Sägezahnfisch-Brotmesser taten. Im Keller saß der Dino-Müllschlucker und fing mit seinem großen Maul alles auf, was oben nicht mehr gebraucht wurde – 100 Prozent ökologische Abfallbeseitigung nennt man das heute.

Ganz so geht es in einem rustikalen Apartmenthaus oberhalb von Gstaad natürlich nicht zu. Aber der Vergleich liegt nahe. Der Inneneinrichter Tino Zervu-

TINO ZERVUDACHIS AUFTRAGGEBER HATTEN SICH EXPLIZIT VON IHM GEWÜNSCHT, ER MÖGE SIE MIT SEINEM ENTWURF IN DIE STEINZEIT ENTFÜHREN.

Vorherige Doppelseite: Die Stühle stammen vom Pariser Flohmarkt und wurden mit Lammfell wintertauglich gemacht.
Oben: Hinter einer Wand und Schiebetür aus Walnussholz liegt die Küche.
Links: Alles grün – der Teppich, das Sofa, selbst das Gemälde. Die Farbe unterstreicht den rötlichen Ton der Holztische.
Rechte Seite: Die graue Kamineinfassung entstand aus einem großen Flussstein.

dachi erzählt sogar, seine Auftraggeber hätten sich explizit von ihm gewünscht, er möge sie mit seinem Entwurf in die Steinzeit entführen. Es ist ihm insofern gelungen, als dass er dem Ort eine seltsam zeitlose Stimmung eingehaucht hat. Die Möbel tragen Patina, wirken aber gleichzeitig modern und einladend. Die Materialien sind neu und haben dennoch etwas Althergebrachtes. Mit der Reduktion auf Weiß, Grün und Schwarz wählte er ein ungewöhnliches Farbkonzept, welches gar nicht den üblichen Einrichtungstrends entspricht. So entstand etwas sehr Eigenständiges, das nicht nur die Besitzer mit Stolz erfüllt.

Dabei waren die Vorgaben keine leichten. Die Auftraggeber limitierten das Budget. Für Tino Zervudachi eigentlich ein Ding der Unmöglichkeit. Für gewöhnlich wird er beauftragt, exklusive Projekte auf der ganzen Welt auszustatten. Mit Büros in Paris, London und New York ist er überall dort vertreten, wo seine Kunden zu Hause sind. Die lieben seine Entwürfe so sehr, dass er nicht nur ihre verschiedenen Wohnsitze einrichtet, sondern oft auch für mehrere Generationen einer Familie arbeitet. Dennoch ist Tino Zervudachi auf den ersten Blick ein zurückhaltender und bescheidener Mann. »Die größte Gefahr von Wohlstand und Geld ist Extravaganz, Oberflächlichkeit, dass Räume überdekoriert werden und der Schwerpunkt zu sehr auf Neuheiten liegt. Innovation ist wichtig, aber in meinem Beruf bedeutet sie nicht unbedingt Fortschritt«, erklärt er.

Als der Brite beauftragt wurde, war das Gebäude am Ende einer Höhenstaße noch in der Planungsphase. So konnte der Grundriss umgestellt und verfeinert werden. Der große Salon erhielt die Zonen Sitzen und Essen. Zwei auf Gehrung gearbeitete Deckenspiegel aus Arvenholz markieren diese Trennung. Am Boden liegt unter einem Esstisch aus balinesischem Holz schwarzer Granit. Die mit cremeweißem Wollbouclé bezogenen Sofas im Stil von Jean Royère stehen auf einem grasgrünen Teppich aus Bambusfaser. Zu ihnen kombiniert der Einrichter dänische Sessel des Mid-Century. Das braune Sofa, welches vor der Wand platziert ist, ließ er nach einem eigenen Entwurf anfertigen. Es wird von zwei anthrazitfarbenen Konsolen flankiert, die wie riesige Steine aussehen. Tino Zervudachi entdeckte sie in der Pariser Galerie Blanchetti. Bei einem Händler im Carré Rive Gauche erwarb er einen Satz Sofatische von Pierre Chapo, die sechs grünen Metallstühle dagegen sind ein Fund vom Flohmarkt. In einem Fernsehzimmer im Untergeschoss wurde all das versorgt, das die Ästhetik stören würde: Beamer, Leinwand, Videospiele, Computer.

Für den offenen Kamin ließ man sich etwas Besonderes einfallen. Der örtliche Steinmetz wurde beauftragt, einen Felsbrocken aus der Saane, dem größten Fluss der Umgebung, zu bergen und daraus den Kaminmantel zu meißeln. Dieser sitzt nun in einem Umbau aus Arvenholz, der auch einige Fächer für Bücher und Zierrat – vor allem Keramikvasen von Guido Gambone aus den 1950er- bis 1960er-Jahren – bietet. Der runde Spiegel über dem Sims stammt aus dem Atelier des Londoner Designerpaares McCollin Bryan. Auch die Küche ist ein Eyecatcher. Ihre Fronten sind aus gespiegeltem Walnussholz gearbeitet, das starke Hell-Dunkel-Kontraste aufweist. Einige ausgesuchte alte Möbel finden sich auch in den Schlafräumen. Um ihnen mehr Atmosphäre und Wärme zu geben, wurden die Wände hier mit feinen Stoffen der britischen Textildesignerin Neisha Crosland bezogen. Vor den Fenstern hängen Vorhänge in zartem Lindgrün. Auf den Betten liegen die gleichen leuchtend grünen Wolldecken wie im Wohnzimmer.

Der Farbe Grün wird nachgesagt, sie sei die Farbe der Mitte, würde ausgleichend und beruhigend wirken, ohne zu ermüden. Sie wäre sogar eine neutrale Heilfarbe, die Kräfte sammeln lässt und Regeneration spendet. Was gibt es Schöneres für ein Zuhause in den Bergen.

Oben: Das Fernsehzimmer liegt in der Etage unter dem Salon und ist über eine Treppe zu erreichen.
Rechte Seite: Im Schlafzimmer treffen verschiedene Weißtöne auf dunkles Grün. Dazu passen schwarze Vintage-Möbel und -Leuchten.

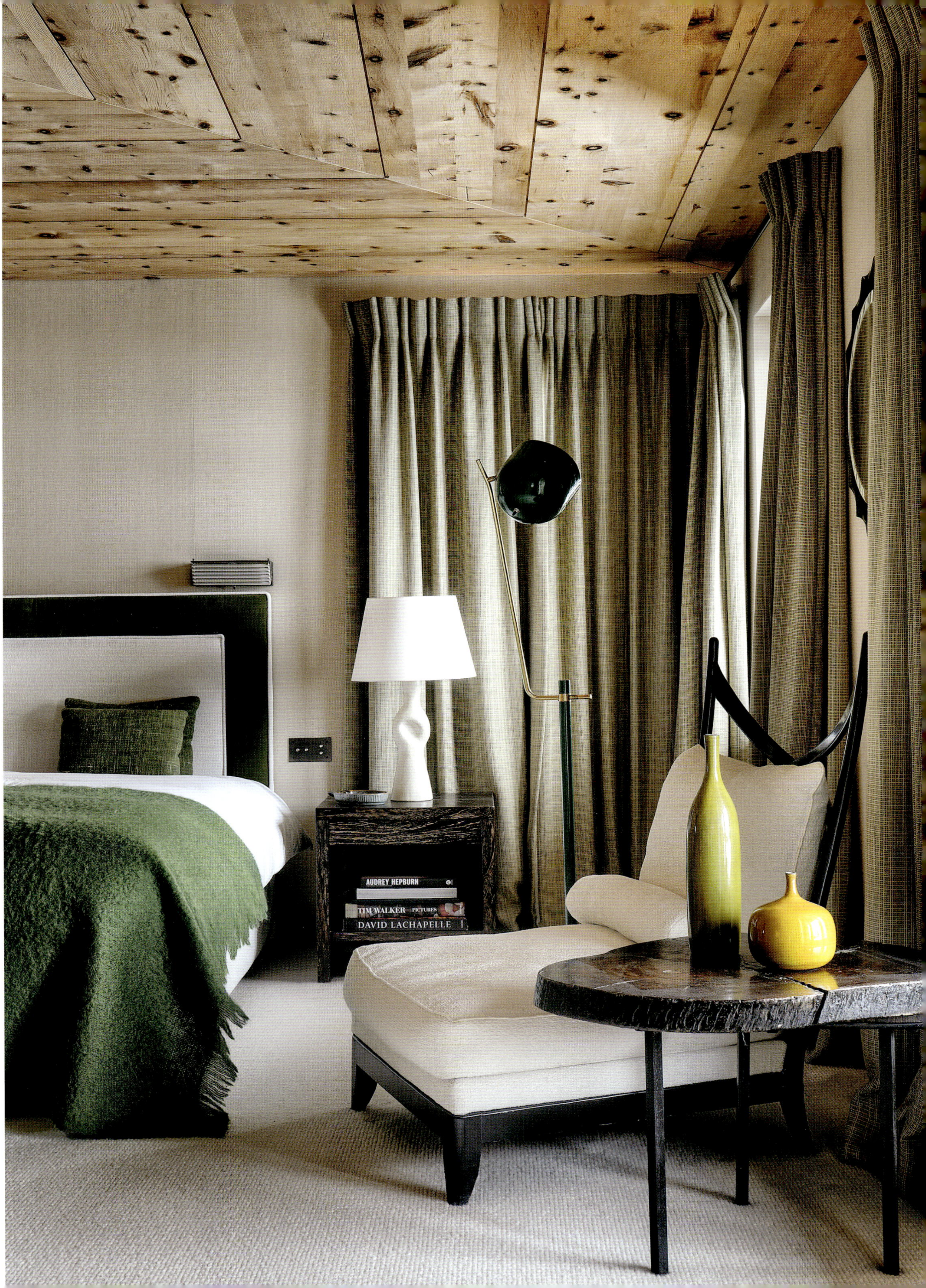
AUDREY HEPBURN
TIM WALKER PICTURES
DAVID LACHAPELLE

SAANEN

DIE PARISERIN

Seit 20 Jahren hütet Sophie Prezioso
ein altes Chalet wie ihren Augapfel. Ein Rundgang im Feriendomizil der Französin ist
wie der Besuch in einer Wunderkammer.

Es war an einem sonnigen Sommernachmittag, als Sophie Prezioso zusammen mit ihrem Mann Jacques und den beiden Kindern Charles und Alix durch das Hochtal oberhalb von Saanen fuhr. Das junge Ehepaar, das vor einigen Jahren von Paris nach Genf gezogen war, hatte zu dieser Zeit ein Ferienhaus in Rougemont, einige Kilometer weiter westlich, gemietet. Des Öfteren kamen sie hierher, um in einem kleinen Berggasthof am Ende des Tals einzukehren und wandern zu gehen. Doch dieses Mal passierte etwas Besonderes. An den Moment, als die Französin das Schild »Zu verkaufen« an dem alten, direkt an der Straße gelegenen Chalet sah, kann sie sich noch heute lebhaft erinnern. »Es war aufregend. Wie eine Entdeckung«, sagt sie. Schon ein paar Tage später betrat sie mit einem Makler das Haus zum ersten Mal. Sie wusste sogleich, dass es ihres werden würde. »Da wir eigentlich gar nicht auf der Suche nach einer neuen Bleibe waren, traf mich die Schönheit des Chalets völlig unvorbereitet. Es hat von Anfang an zu mir gesprochen, mir seine Geschichte erzählt. Und ich habe einfach zugehört.«

So ließ sich die Kunsthistorikerin, sie studierte an der École du Louvre in Paris, auch bei der anschließenden Sanierung des 1607 erbauten Bauernhauses von niemandem beirren. Als der Schreiner kam und ihr sagte, sie solle die verwitterten Wände abschleifen lassen, führte sie seine Hand über das raue Holz und fragte ihn, was er fühle. Als Freunde ihr beim späteren Ausbau der Scheune rieten, das Wohnzimmer hierher zu verlegen, machte sie aus einem Bauchgefühl heraus genau das Gegenteil und beließ den Salon und das Esszimmer in den niedrigen, dunklen Räumen im vorderen Teil des ursprünglichen Hauses. Denn genau da liegt sein Herz. Ein stetes Schlagen spürt, wer rund um den geschwärzten Stahlkamin geht, der die drei Zimmer verbindet und erwärmt.

Gleich nach dem Eintreten befindet man sich bereits im schönsten Teil des Chalets. Denn hinter dem Fensterband im zur Straße gerichteten und über eine Außentreppe erschlossenen ersten Stock liegen die Zimmer, die schon seit jeher zum Wohnen genutzt wurden. Nur ein kleiner Windfang schirmte sie früher von der Eingangstüre ab. Dahinter befanden sich – ebenerdig – die Küche und der Stall. Von ihnen aus erreichte die Bauernfamilie die Scheune, welche nicht direkt an das Wohnhaus angebaut war. Ein etwa zwei Meter breiter, überdachter Gang bot zusätzliche Abstellflächen und diente als Arbeitsplatz.

Die heutige Hausherrin öffnete den Windfang und entfernte auch den größten Teil der Holzwände. Nur die für die Statik notwendigen Raumtrenner blieben stehen. In die Mitte des neu geschaffenen, ineinander übergehenden Wohnbereichs setzte sie einen Monolith: den offenen Kamin. Ein Eingriff, der sicher eine Menge Mut

»DAS HAUS HAT VON ANFANG AN ZU MIR GESPROCHEN, MIR SEINE GESCHICHTE ERZÄHLT. UND ICH HABE EINFACH ZUGEHÖRT.«

Vorherige Doppelseite: Ein historisches Detail mit Charme – unter dem Dach des Chalets liegen die alten Schlafkammern, die auch heute noch ihren Dienst tun.
Linke Seite: Im Entree steht eine Werkbank, die bereits im Haus war.
Oben: Der Kamin aus geschwärztem Stahl wärmt zwei Salons und ein Esszimmer gleichermaßen.
Rechts: Hier harmoniert Schwarz mit verschiedenen Holztönen.

SOPHIE PREZIOSO, SAANEN

kostete. Und überhaupt, anstatt im üppigen Chalet-Stil zu schwelgen, folgte sie ihrer persönlichen Design-Maxime und verpasste den Räumen mit grauen, knapp über dem Boden verlaufenden Lamellenheizkörpern, Lichtschaltern in Metall und Handläufen aus Vierkanteisen einen industriellen Touch. Der Kontrast zwischen der ursprünglichen Bausubstanz und den Details des Neuausbaus könnte nicht größer sein. Doch weil sich Sophie Prezioso für dunkle, patinierte Oberflächen entschied, fügt sich das scheinbar Andersartige in die ursprüngliche Umgebung ohne Mühe ein – etwas kantig, ungeschliffen und eigenwillig, aber kraftvoll.

Auch die Einrichtung hat diese ungewöhnliche Tendenz, mit einzelnen ausdrucksstarken Stücken Atmosphäre zu schaffen. Gleich hinter der Eingangstüre steht eine alte Werkbank, die die Vorbesitzer hierließen. Sophie Prezioso integrierte sie in ihr Ensemble aus einem antiken Löwenrelief, das auf einem schwarzen Podest zur Schau gestellt wird, einem gusseisernen vierarmigen Kerzenständer, einer Sternskulptur von Curtis Jere und einem abstrakten Werk des amerikanischen Künstlers Peter Halley. Daneben steht ein geschwungener Flechtsessel, den sie in einem Antikmarkt in Saanen fand, im gegenüber liegenden Eck hat ein mit Leder gepolsterter Stuhl von Jacques Adnet seinen Platz gefunden. Ein paar Schritte weiter flackert schon das Kaminfeuer hinter einer dicken Glasscheibe. Die mit schwarzem Baumwollsamt bezogenen Sessel davor stammen, wie das gemütliche Kanapee im gegenüberliegenden Raum, vom Pariser Designer Christian Liaigre. »Wahre Klassiker, die die Zeit überdauern«, findet ihre Besitzerin. Bemerkenswert ist auch hier die Ansammlung von Vintage-Möbeln, zum Beispiel das Sofa und der Sessel des Italieners Osvaldo Borsani von 1954, zwei stattliche

Tischleuchten mit skulpturalen Füßen, signiert von Paul Evans, und die Kunst – darunter eine große, gerahmte Fotografie von Candida Höfer sowie ein Bild von Thomas Ruff. Die Keramikobjekte der Gebrüder Cloutier stammen von einem Möbelhändler in Genf, bei dem die Hausherrin viele ihrer Raritäten fand. Zu einer Zeit, in der sich nur wenige für die Möbel des Mid-Century und der 1970er-Jahre interessierten. »Leider gibt es dieses Geschäft nicht mehr«, bedauert sie. Um schöne Stücke zu finden, klappert sie heute regelmäßig die Antiquitätenläden in Paris ab. Ihre Wohnung in der französischen Hauptstadt hat die Familie nie aufgegeben. »Wenn ich komme, fühle ich mich immer wie zu Hause. Ich bin eben eine echte Pariserin«, sagt Sophie Prezioso mit leuchtenden Augen. Mit Leidenschaft studiert sie auch die Kataloge der internationalen Auktionshäuser, die auf Möbel und Design spezialisiert sind. Denn seit einigen Jahren ist der Bedarf größer – sie richtet auch für andere ein. Die Projekte der Interiordesignerin sind so außergewöhnlich wie zeitaufwendig. Bis alles stimmt, können schon mal zwei Jahre vergehen.

Die Liebe zum Einrichten scheint in der Familie zu liegen. Sophie Preziosos Bruder ist der französische Architekt Thierry Lemaire. Er entwirft neben seinen spektakulären Interieurs prägnant-moderne Möbelstücke. Eines fand auch im Haus der Schwester Platz. Der große Esstisch mit Beinen aus abgekantetem Stahlblech und einer schwarz lackierten Holzplatte bietet Platz für bis zu 14 Personen. Das trifft sich gut, denn wenn Sophie und Jacques Prezioso Familie und Freunde einladen, bleibt kein Stuhl leer. Kochen ist eine weitere Leidenschaft der Französin. Dementsprechenden Wert legte sie auf die Küche, die zusammen mit einer Frühstücksecke und einer Speisekammer im ehemaligen Durchgang zur Scheune Platz fand. Gleich daneben gibt es noch ein Fernsehzimmer, angefüllt mit ausgesuchten Designerstücken, wie etwa einem runden Sofatisch von Willy Rizzo und dem Sessel »Elda« von Joe Colombo.

Im Stockwerk darüber befinden sich die Schlafzimmer. Wie in einem solch alten Bauernhaus üblich, sind die Kammern bis in den Dachspitz hinein übereinandergestapelt. Die beiden unteren erreicht man über eine hohe Schwelle, in die oberen führt je eine Leiter. In früherer Zeit schlief hier die ganze Bauernfamilie samt der

Linke Seite: Im ersten Stock des Hauses lagen schon immer Stube und Esszimmer. Sophie Prezioso erweiterte die Türen zu großen Durchgängen und schuf einen großen, dreiteiligen Wohnbereich mit fließenden Übergängen.
Rechts: Den Esstisch mit Metallbeinen entwarf ihr Bruder Thierry Lemaire.

Links: In der Küche gibt es einen Sitzplatz mit Eckbank. Hier wird gefrühstückt oder Brotzeit gemacht.
Unten: Ein schwarz-goldener Ofen von La Cornue ist das Schmuckstück der Wirtschaftsräume, die im hinteren Teil des Hauses liegen.
Rechte Seite: Das gemütliche Fernsehzimmer ist mit einem bequemen Samtsofa, einem Vintage-Sessel von Joe Colombo und einem runden Sofatisch von Willy Rizzo möbliert.

DIE FRANZÖSIN LEGTE WERT AUF DIE KÜCHE, DIE ZUSAMMEN MIT EINER FRÜHSTÜCKSECKE UND EINER SPEISEKAMMER IM EHEMALIGEN DURCHGANG ZUR SCHEUNE PLATZ FAND.

Knechte und Mägde. Auch die heutigen Besitzer änderten zu Anfang nichts an der Situation. Als sie aber vor zehn Jahren die Genehmigung bekamen, auch einen Teil der Scheune zum Wohnraum auszubauen, schufen sich die Eheleute ein eigenes Refugium. Durch einen schmalen Gang, von dem zwei Badezimmer abgehen, gelangen sie nun in den hinteren Teil der zusammengelegten historischen Gebäude. Hier öffnet sich die Decke, und der Raum reicht bis in den Dachstuhl. Das enorme Volumen wird durch eine große, in die ehemalige Scheunentüre eingelassene Glasscheibe noch unterstützt. Dieser Ort ist gleichermaßen Aufenthaltsraum und Arbeitszimmer. Stauraum bietet ein begehbarer Schrank, hinter dem auch das Badezimmer aus schwarzem Granit liegt.

Welcher Luxus! Doch ganz nach dem Wunsch seiner Gestalterin tritt er nie in den Vordergrund. Ihrer Ansicht nach wäre es auch fehl am Platz, an diesem ursprünglichen Ort der Geschichte entgegenzuwirken. Schließlich steht das vierhundertjährige Ensemble unter Denkmalschutz. Unglaublich klingt die Geschichte, das Haus habe einmal im Zentrum von Saanen gestanden. Da es einer katholischen Familie gehört hätte, die nach der Reformation im Dorf nicht mehr geduldet war, wäre es abgebaut und auf der Höhe zum zweiten Mal errichtet worden. Doch die Überlieferung stimmt – und für die alten wie die neuen Bewohner ist es hier zur Heimat geworden.

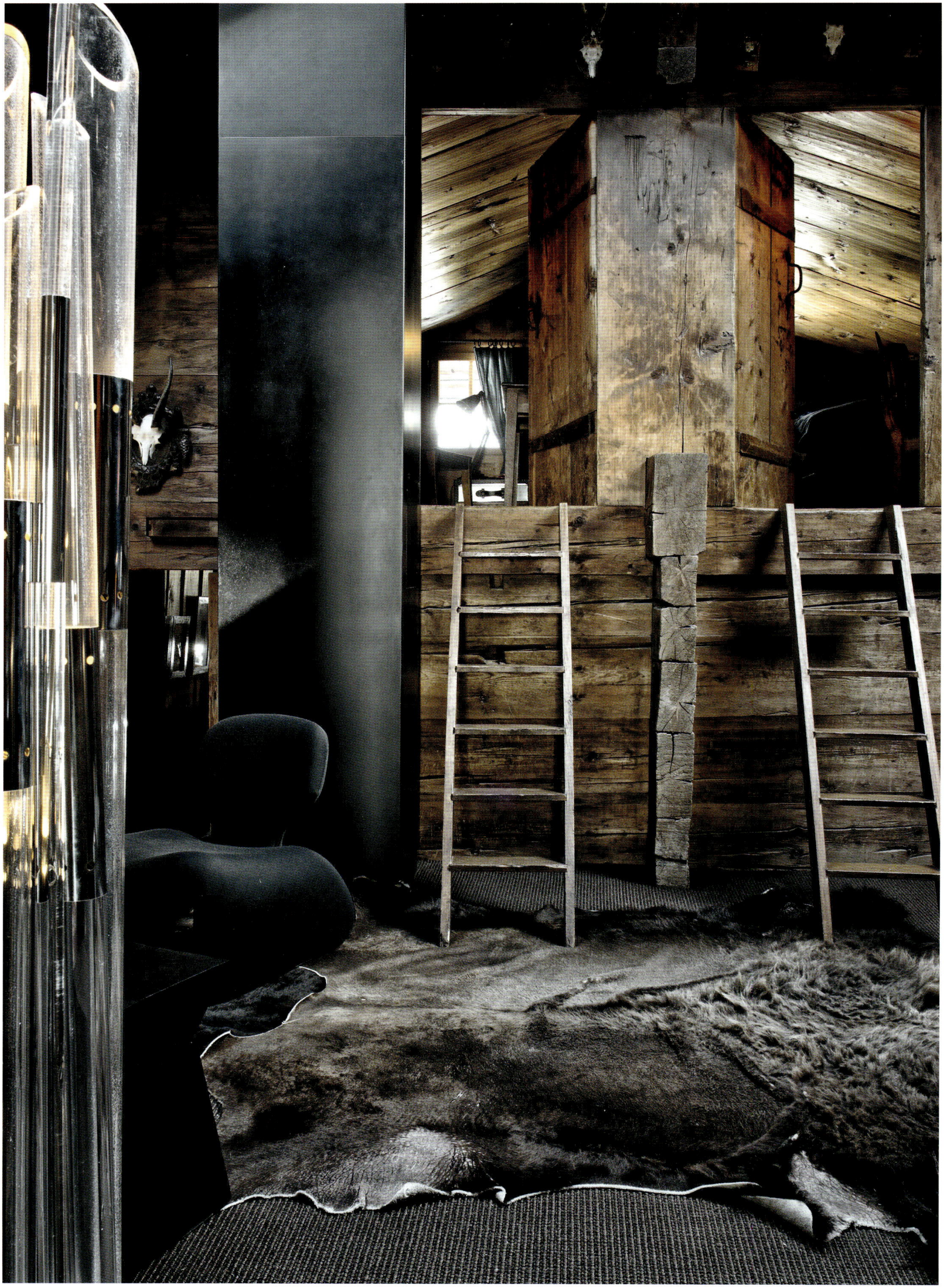

WIE IN EINEM SOLCH ALTEN BAUERNHAUS ÜBLICH, SIND DIE SCHLAFKAMMERN BIS IN DEN DACHSPITZ HINEIN ÜBEREINANDER GESTAPELT.

Linke Seite: Im Chalet gibt es vier Schlafkammern. Die beiden oberen erreicht man mit einer Leiter, in die zwei darunter steigt man über eine Türschwelle hinab.
Oben: Selbst auf engstem Raum ist Platz für schöne Details – die schwarzen Kissen tragen dekorative Borten.
Rechts: Eines der Badezimmer mit weißer Keramik zu altem Holz.

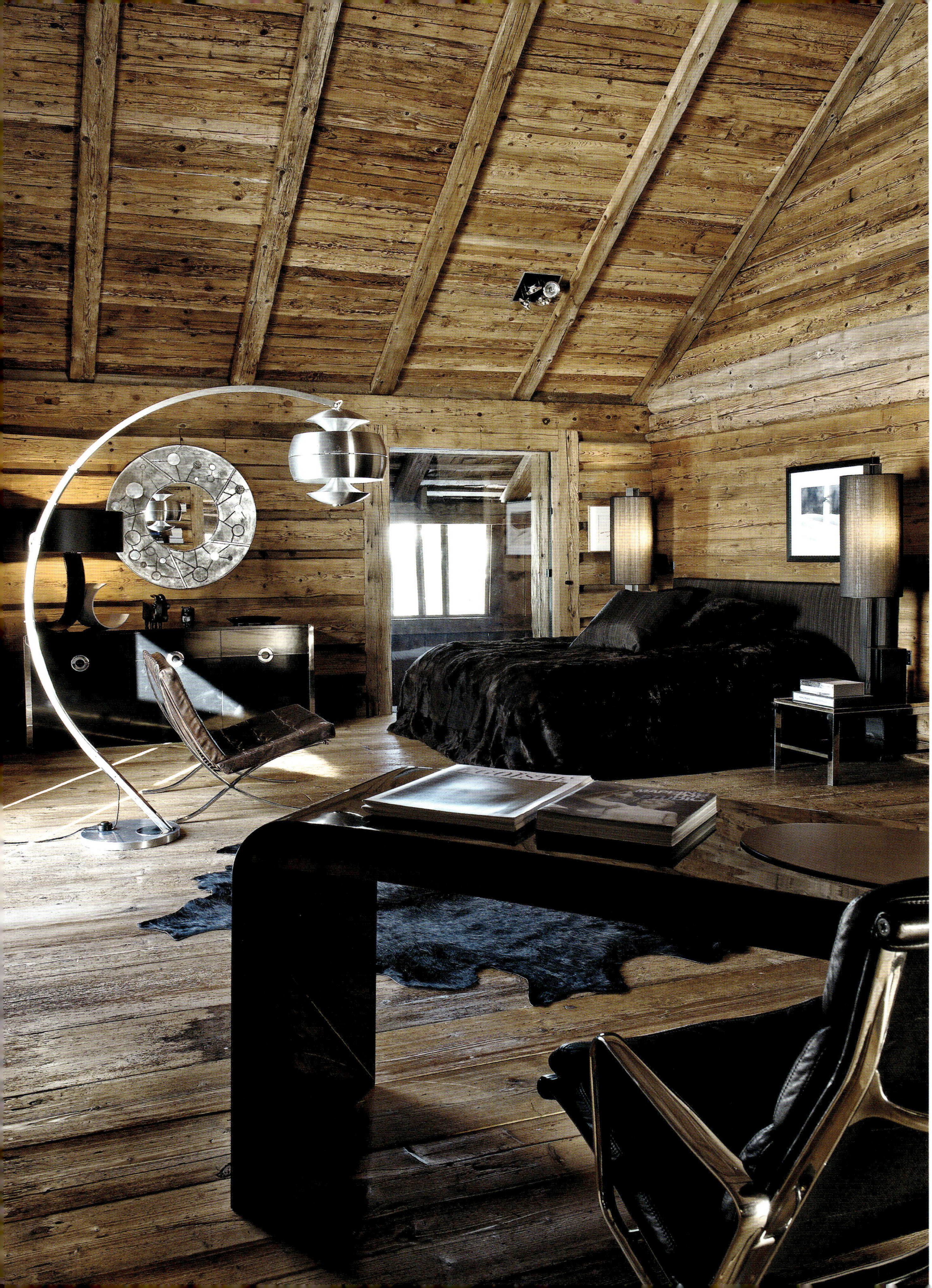

ALS SIE VOR ZEHN JAHREN DIE GENEHMIGUNG ERHIELTEN, AUCH DIE SCHEUNE TEILWEISE AUSZUBAUEN, SCHUFEN SICH DIE EHELEUTE EIN EIGENES REFUGIUM.

Linke Seite: Dort wo einmal Heu gelagert wurde, ist heute das Refugium der Hausbesitzer untergebracht. Der hohe Raum wird durch eine verglaste Scheunentüre mit Licht versorgt.
Oben: Das alte Chalet von 1607 ist wahrlich ein Schmuckstück. Es wurde einst von Saanens Zentrum hierher gebracht.
Links: Der gemütliche Sonnenplatz seitlich des Hauses gefällt auch dem Hund der Familie.

SCHÖNRIED

EIN ORT DER GASTLICHKEIT

Nachson Mimran führt mit dem The Alpina Gstaad nicht nur eines der besten Hotels der Schweiz, seine Leidenschaft gilt auch der hauseigenen Kunstsammlung. Zusammen mit seiner jungen Familie lebt er zurückgezogen in einem modernen Penthouse.

In der Küche wird emsig gearbeitet. Fünf Personen sind an einer großzügigen Arbeitsinsel damit beschäftigt, verschiedene Speisen vorzubereiten. Durch die Dachflächenfenster fällt Sonnenlicht. Natalia Mimran steht mittendrin und versucht sich mit dem Mixer in der Hand an einem Dessert, das sie in einer Zeitschrift gesehen hat. »Ich weiß nicht, ob es mir gelingen wird. Ich mache es zum ersten Mal«, gesteht die gebürtige Russin. Heute Abend haben sie und ihr Mann Freunde zum Essen nach Hause eingeladen. Es wäre einfacher, sich im eigenen Hotel bewirten zu lassen. Schließlich gehört den Mimrans das neu erbaute Fünf-Sterne-Haus The Alpina. Doch hier ist es persönlicher und ihre beiden kleinen Kinder können mit dabei sein. Helfende Hände gibt es genug. Das Hotel hat einige Mitarbeiter geschickt.

Nachson Mimran kommt herein. Der Blick offen, das Lachen sympathisch. Er entspricht so gar nicht dem Klischee des Investors, der trotz vieler Widerstände ein

Luxushotel in Gstaad baute. Schnell wird klar: Der 27-Jährige weiß genau, wovon er spricht. Er ist in der Region aufgewachsen, kennt den Ort und seine ungeschriebenen Gesetze wie die Wälder und Wiesen rundum, in denen er schon als Kind das Überleben in den Bergen probte. Dass der Vater Jean-Claude Mimran dem jungen Mann die Verantwortung für ein Fünf-Sterne-Haus mit 56 Zimmern und 150 Mitarbeitern übergab, darf man als Stärke bezeichnen. Selbstverständlich wird das Hotel vom Managing Director Eric Favre geführt, doch im Hintergrund wirken die Besitzer – neben den Mimrans auch der einheimische Immobilienmakler Marcel Bach. Wenn Nachson Mimran durch die Lobby läuft, die er als sein Wohnzimmer bezeichnet, nimmt er jedes Detail aufmerksam wahr. Die Kunst an den Wänden liegt ihm ganz besonders am Herzen. Seit einigen Jahren baut er eine Kunstammlung auf, die in den öffentlichen Räumen immer wieder neu präsentiert und erweitert wird.

Der junge Franzose hätte für seine Familie auch ein Apartment im Hotelkomplex wählen können. Drei Luxus Chalets und 14 Wohnungen – elf im Hotel, drei in einem der Chalets – wurden zur Finanzierung mitgebaut. Doch er zog sich in einen unscheinbaren Neubau an der Hauptstraße von Schönried zurück. Die Dachgeschosswohnung verfügt über zwei Stockwerke. Eines zum Wohnen und eines zum Schlafen. Für den Innenausbau und die Möblierung wurde die Einrichterin Federica Palacios herangezogen. Das Können der in Genf lebende Argentinierin wird besonders im Wohngeschoss sichtbar, das, Küche und Entree ausgenommen, aus nur einem Raum besteht. Seine Wände sind mit liegenden Holzbrettern verkleidet, in manchen Bereichen wurden sie schwarz lackiert. Unter den Dachschrägen

DER 27-JÄHRIGE IST IN DER REGION AUFGEWACHSEN, KENNT DEN ORT UND SEINE UNGESCHRIEBENEN GESETZE WIE DIE WÄLDER UND WIESEN RUNDUM.

Vorherige Seite: Der Esstisch mit einer Platte aus in Kunstharz eingegossenen roten Holzbrettern hat Barhöhe. Daneben wartet ein Billardtisch auf Spieler.
Linke Seite: Vor dem offenen Kamin lädt eine große Sitzinsel zum Entspannen ein. Rechts und links davon finden sich zwei weitere Polsterbänke.
Oben: Über dem Treppenabgang hängt ein Werk von Roy Nachum.
Rechts: Vor einer Fotografie von Shirana Shahbazi steht ein Sessel des Pariser Designers Michel Haillard.

Oben: Die Schlafzimmer liegen eine Etage unter dem offenen Wohnraum. Mit Holz verschalte Decken und dazu passende Einbaumöbel bringen den Charme der Berge ins Haus, weiß verputzte Wände und Spiegel sorgen für Modernität.
Rechts: Das mit Leder bezogene Sofa stammt wie die Wolldecke mit Navajo-Muster von Ralph Lauren.
Rechte Seite: Im Bad bilden die Wanne und das Waschbecken eine Insel, die von beiden Seiten zugänglich ist.

> AUF DIE FRAGE, WELCHE ROLLE WOHLSTAND IN SEINEM LEBEN SPIELEN WÜRDE, GIBT ER SPONTAN ZUR ANTWORT: »DIE MÖGLICHKEIT, MIT ANDEREN ZU TEILEN.«

verlaufen nicht nur dicke Balken, sondern auch anthrazitfarbene Stahlträger. Am Boden wurde ein grauer Anhydritestrich mit marmorierter, sanft schimmernder Oberfläche aufgebracht.

Ein klassischer Esstisch hätte wenig Anklang gefunden. Darum wurde eine lange Theke gebaut, an der zehn Barhocker stehen. Gleich daneben darf Billard gespielt werden. Unter der Dachschräge vor dem offenen Kamin ist ein Lounge-Bereich eingerichtet, der entspannte Club-Atmosphäre verströmt. Eine zweite Relax-Zone liegt hinter dem Teppenabgang am anderen Ende des Zimmers. Über dem Sofa hängt hier eine Serie von Aktzeichnungen, die Nachson Mimrans Mutter in ihrer Zeit auf der Kunstschule malte. Sie gab auch den Auftrag für einen afrikanisch anmutenden Sessel mit Hörnern und Fell. Er wurde vor vielen Jahren von Michel Haillard extra für den jüngsten Sohn der Familie angefertigt. Die hochformatige, schwarz-weiße Landschaftsaufnahme dahinter stammt von der in Zürich lebenden Fotografin Shirana Shahbazi. Einen roten Akzent setzt ein Werk des israelischen Künstlers Roy Nachum. Er verbindet in seinen Arbeiten hyperrealistisch gemalte Motive mit Blindenschrift. »Mir war es wichtig, einen großen Aufenthaltsraum zu haben, damit die ganze Familie zusammen sein kann, wenn sie hier ist. In unserer Kindheit haben wir ein altes Chalet bewohnt mit vielen kleinen, dunklen Räumen. Nie wusste man, wo der andere ist. Wir haben uns gegenseitig ständig mit dem Haustelefon angerufen«, erklärt Nachson Mimran.

Auf die Frage, was ihm Wohlstand bedeutet, antwortet er spontan: »Die Möglichkeit, mit anderen zu teilen.« Das Alpina sei auf einem guten Weg, und er wolle in den nächsten Jahren wieder mehr Zeit in Westafrika verbringen. In der Elfenbeinküste und in Senegal legten sein Großvater und sein Vater einst den Grundstein ihres Unternehmens. Sie bauten Zuckerrohr an. Heute arbeiten 8000 Menschen für die Compagnie Sucrière Sénégalaise. Afrika liegt Nachson Mimran nicht nur wegen vieler persönlicher Erinnerungen am Herzen. Er will Strukturen aufbauen, junge Unternehmer fördern und in Bildung investieren. Einfach Geld zu geben, würde die Menschen nicht weiterbringen. Darum zielt sein Engagement auf Profit ab, um so viele junge Menschen wie möglich mit auf seinen Weg zu nehmen.

SAANEN

WAHLVERWANDT-SCHAFTEN

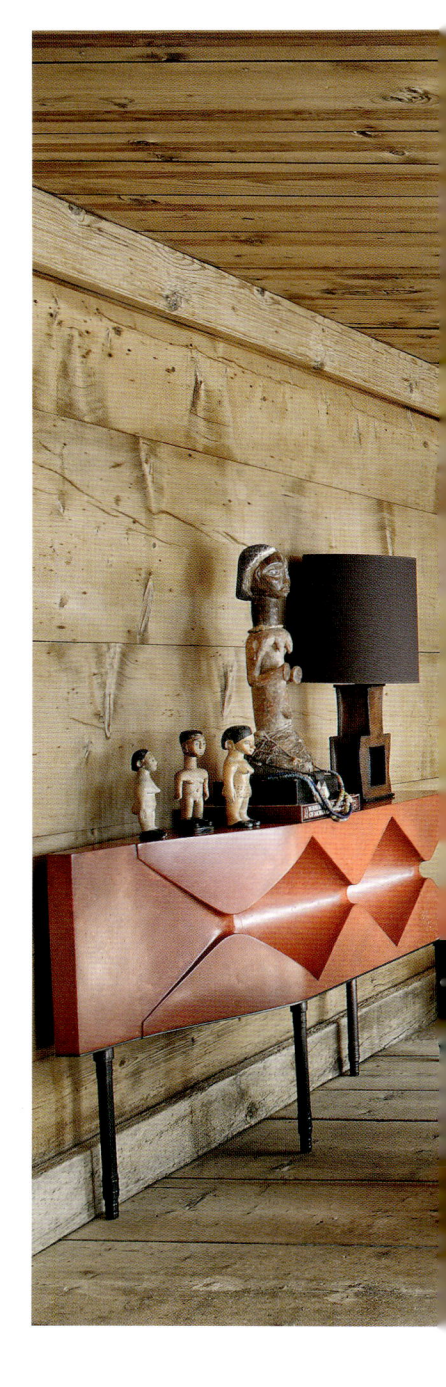

Der Galerist Urs von Unger verlor sein Herz an zwei Häuser mit Geschichte. Im Kleinen Landhaus mit Fundamenten aus dem 13. Jahrhundert zeigt er Antiquitäten, Design und Kunst. Die Kastlanei von 1670 ist sein Zuhause.

Wer anreist, kommt für gewöhnlich wegen der lieblichen Landschaft, der luxuriösen Hotels, der guten Sportmöglichkeiten und der gesellschaftlichen Anlässe, bei denen vor allem in der Winterzeit viele Prominente anzutreffen sind. Gstaad Saanenland Tourismus hat gute Arbeit geleistet. In den Hintergrund gerät nicht selten die kulturelle Vergangenheit der Region. Nur jene, die suchen, finden. Aber nicht in Gstaad, sondern im viel älteren und historisch bedeutenderen Saanen. Unlängst wurde der historische Kern saniert und verkehrsberuhigt. Direkt am Dorfplatz mit seinem Brunnen steht das »Museum der Landschaft Saanen«, das seit 1999 Interessierte in die Geschichte von Kunst und Kultur einführt.

Folgt man der Dorfstraße Richtung Westen, gelangt man zum ältesten Gebäude im Ort. Das Kleine Landhaus steht auf Fundamenten aus dem 13. Jahrhundert. Es war vermutlich eine Residenz des Grafen von Gru-

Vorherige Seite: In einem der Salons zieht das ausdrucksstarke Triptychon des kanadischen Malers Christopher Webb alle Blicke auf sich.
Oben: Der Treppenaufgang im Flur führt in die zweite Etage zu den Schlafzimmern.
Rechte Seite: Die Stube zwischen den beiden Salons wurde in Absprache mit dem Denkmalschutz hellgrau gestrichen.

yère, diente später als Sitz des bernischen Landvogts und als Gasthaus. Heute ist es nach einer umfassenden Renovierung fein herausgeputzt. Im Erdgeschoss, welches etwas unter Straßenniveau liegt, werden Antiquitäten, Kunst und Designobjekte gezeigt. Der Showroom zieht sich bis in die erste Etage, wo auch monothematische Ausstellungen gezeigt werden. Hier wirkt Urs von Unger, dessen Name in schlichten Lettern über der Eingangstüre hängt. Von Dezember bis März und im Monat August trifft man ihn zu den Öffnungszeiten im Geschäft. Den Rest des Jahres öffnet er die Türen zu seinem Reich nach Vereinbarung. In der Zwischensaison bereitet der gebürtige Basler sein Programm vor, bereist für seine Arbeit relevante Städte im Ausland, besucht befreundete Künstler und Designer oder trägt seine ausgesuchten Antiquitäten zusammen.

Mit feinem Gespür für historische Stile und Objekte mit Geschichte, für Materialien, deren Kostbarkeit sich in der Zurückhaltung offenbart, und für Modernität, die genauso von starken Aussagen lebt wie von den leisen Zwischentönen, hat er ein einzigartiges Angebot zusammengetragen. Sein Handwerk lernte er nicht im üblichen Sinne, sondern eher mit einem Sprung ins kalte Wasser. Gerade 25 Jahre jung, eröffnete Urs von Unger einen Blumenladen in Basels St.-Alban-Vorstadt. Hier wollte er zeigen, was ihn in London und Paris angesprochen hatte: Blüten in ihrer natürlichen Schönheit zu ungewöhnlichen Grünkombinationen, mit Feingefühl für Farben und Formen zusammengestellt. Von Anfang an verkaufte er in seinem Geschäft, das im ehemaligen Wohnhaus des großen Schweizer Kulturhistorikers Jacob Burckhardt lag, auch die passenden Accessoires. Einige Zeit später konnte er eine Dependance neben der Kunstgalerie Beyeler eröffnen. Der Erfolg war für den gelernten Kaufmann kein Grund, sich auszuruhen. Im Gegenteil: Er sann nach Neuem. Und die zündende Idee ließ nicht lange auf sich warten. In seinem Blumenladen – das geschichtsträchtige Haus hatte er inzwischen erwerben können – sollten in Zukunft Antiquitäten ihre Abnehmer finden. »Ich habe mich durch mein Bauchgefühl leiten lassen und von heute auf morgen geschlossen. Alte Dinge, die Geschichten mit sich tragen, hatten in meinem Leben schon immer eine Bedeutung. Ich sammle, solange ich denken kann«, erklärt er.

Mit dem Saanenland verbinden den Galeristen viele Erinnerungen. Er kam schon als Kind zum Skifahren hierher. Später mietete er sich ein Haus im Tal. Als der Kreative im Jahr 1995 das Metier wechselte, suchte er nach einer Möglichkeit, seine Fundstücke auch in Saanen auszustellen. So bezog er saisonal die Räume im damals noch unsanierten Kleinen Landhaus. Von da an pendelte er ständig zwischen den zwei Orten, die sein Leben von jeher geprägt hatten. »Ich kombiniere Schweizer Möbel des 18. und 19. Jahrhunderts mit vergoldeten Barockspiegeln und ganz rustikalen Dingen wie Bauernmöbeln oder Volkskunst. Es spielt keine Rolle, wo etwas herkommt. Wenn mich ein Stück berührt, dann ist es richtig«, erklärt der Galerist. Viele seiner Kunden waren von den atmosphärischen Inszenierungen so angetan, dass sie den Stil-Jongleur zu sich nach Hause holten. Seitdem liefert er nicht nur die passenden Einzelstücke, sondern richtet ganze Häuser ein. Erst 2008 entschloss sich Urs von Unger, endgültig in die Berge umzusiedeln. So konnte er den Alltag entschleunigen: »Ich versuche jeden Tag so bewusst wie möglich zu leben und zu genießen. Das Alter bringt eine gewisse Gelassenheit mit sich.«

Auch diesmal fand sich ein Haus mit Vergangenheit. Schicksal oder Zufall? Urs von Unger meint, er würde nicht nach den Dingen suchen. Sie kämen schlicht auf ihn zu. Wahrscheinlich ist es eine Mischung aus beidem. Das Chalet steht etwas oberhalb des Zentrums am Hang und war einmal eine Kastlanei. Es wurde 1670 vom Zimmermeister Hans Tüller erbaut. Kastlane vertraten die politische Macht auf lokaler Ebene schon ab dem 13. Jahrhundert. Sie waren für die hohe Gerichtsbarkeit, die Verteidigung der Stadt, die Vertretung bei der Ständeversammlung, die Abgaben sowie die Buchführung zuständig. Bis 1555 gehörte Saanen zur Grafschaft Greyerz. Nach deren Konkurs wurde es eine bernische Landvogtei, und die Obrigkeit bezog ihren Amtssitz im Kleinen Landhaus. Dennoch wurden wei-

»ES SPIELT KEINE ROLLE, WO ETWAS HERKOMMT. WENN MICH EIN STÜCK BERÜHRT, DANN IST ES RICHTIG.«

Oben: Die rote Konsole mit skulpturaler Front stammt vom Londoner Designer-Duo McCollin Bryan. Dazu arrangierte der Hausherr Figuren und eine Maske aus Afrika.
Links: Die Banquette von 1760 ist mit schwarzem Samt bezogen und kommt aus einem deutschen Schloss.
Rechte Seite: Der Salon mit Sitzgruppe liegt links der grauen Stube.

terhin Kastlane gewählt, die die Landschaft Saanen vertraten.

Das denkmalgeschützte Chalet betritt man heute an der Ostseite, die irgendwann einmal mit einem hölzernen Anbau versehen wurde. Eine Treppe führt auf eine Laube, die vor dem ersten Stock liegt. Hier ist ein kleiner Sitzplatz eingerichtet. Hinter der Eingangstüre liegt der lange Flur, der sich von der einen bis zur anderen Seite des Hauses zieht. Dies war nicht immer so, denn das Gebäude wurde zwischenzeitlich von zwei Familien bewohnt und in der Mitte geteilt. Die Trennung konnte mit Urs von Ungers Einzug rückgängig gemacht werden. So erhielten die hinter der prächtig verzierten Südfassade gelegenen Zimmer ihre ursprüngliche Abfolge zurück. Es handelt sich um zwei gleich große Räume mit einer dazwischenliegenden, kleinen Stube. Die Höhe der Räume zeigt, dass der Bauherr vermögend gewesen sein muss und dieses Gebäude einmal der Repräsentation diente. Die Wände und Decke des Mittelraums trugen mehrere Schichten Ölfarbe. Um einen historisch belegten Farbton zu eruieren, stellte der Hausherr zusammen mit einem Restauratoren-Team des Denkmalschutzes stratigrafische Untersuchungen an. Schließlich entschied man sich für ein helles Grau, das an städtische Täfelungen erinnert und dem Interieur ein nobles Flair verleiht. Alle anderen Oberflächen sind aus unbehandeltem Fichtenholz. Sie wurden mehrfach mit Seifenlauge abgewaschen und bekamen so ihren schönen goldenen Ton zurück.

Natürlich zog Urs von Unger mit seinen Lieblingsstücken ein. Da ist zum Beispiel die schwarze Barockkommode mit goldenen Beschlägen, die ihn schon so viele Jahre begleitet und in der bemalten Stube ihren Platz fand. Auf ihr steht eine Messingleuchte von Guy de

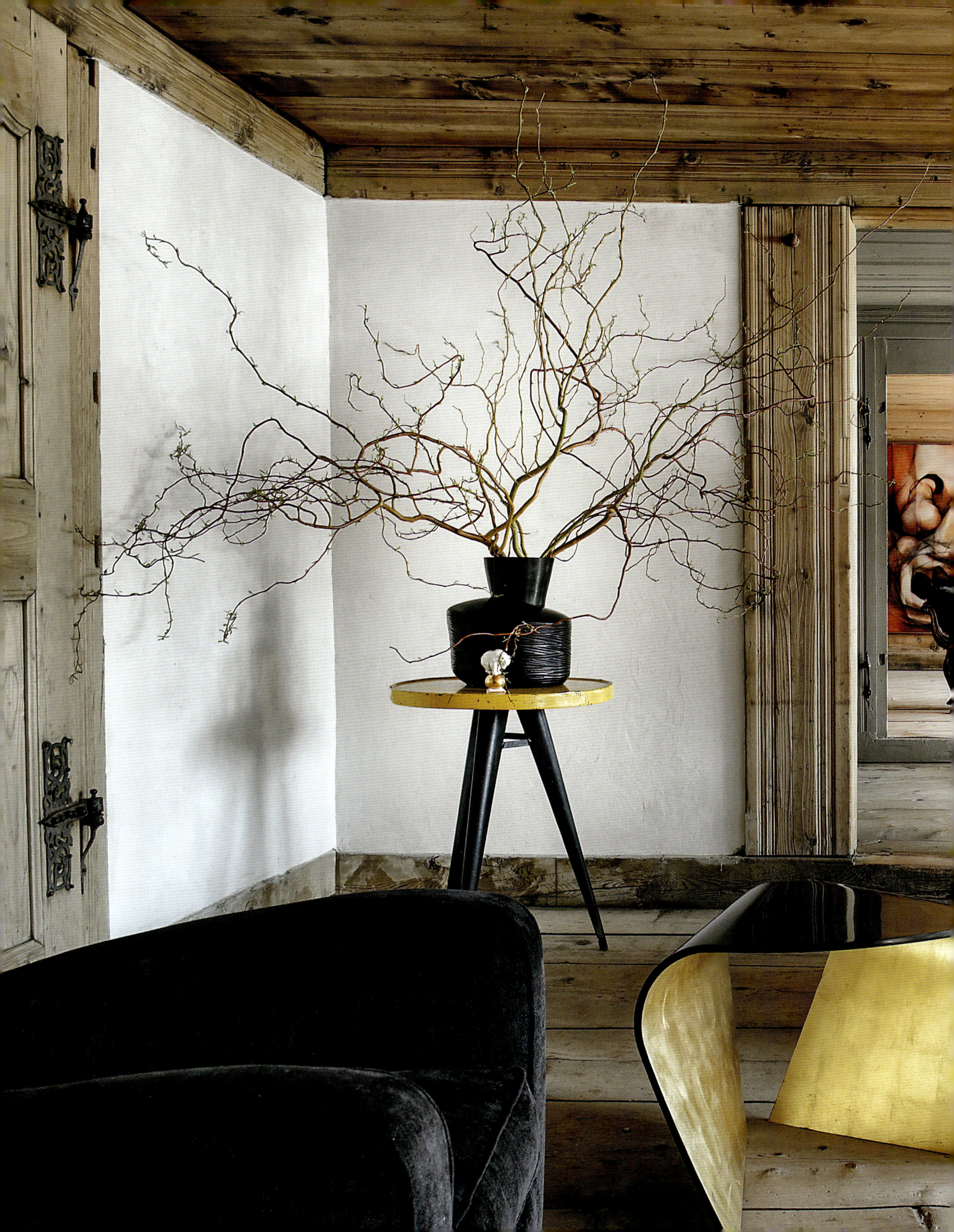

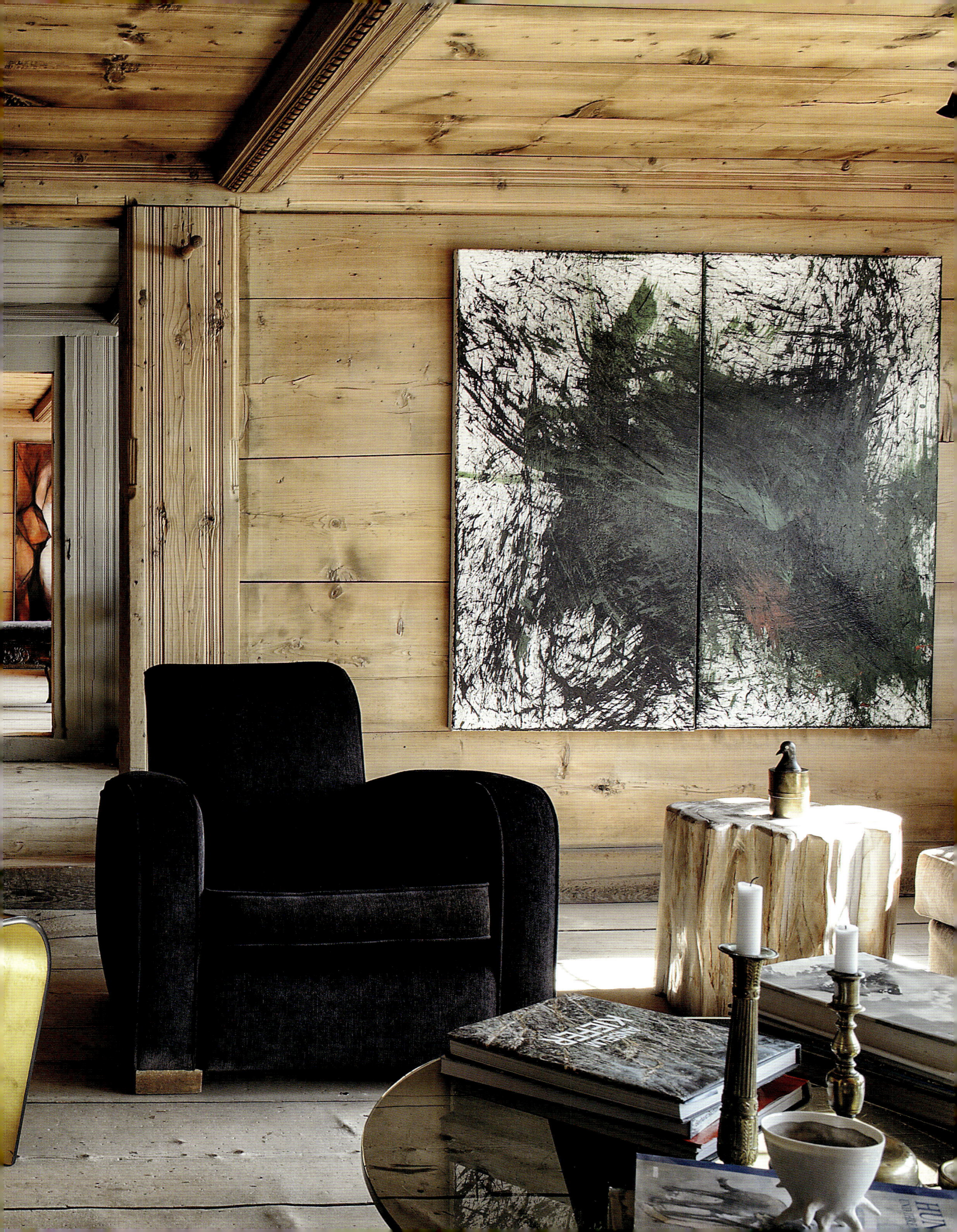

Rougemont. Die beiden Bilder an der korrespondierenden Wand stammen vom schwedischen Künstler Tomas Colbengtson, den Urs von Unger im vergangenen Winter in seiner Galerie ausstellte. Auf der gegenüberliegenden Seite hängt ein abstraktes Werk von Roland F. Fabian. Im rechten Salon steht eine korallenrote Konsole. Ihre expressive Front entwarf das Londoner Designer-Duo McCollin Bryan. Nicht weniger Ausstrahlung besitzt die deutsche Banquette aus dem 18. Jahrhundert. Doch die stärkste Kraft im Raum üben die drei Bilder mit ineinander verschlungenen Körpern aus. Sie stammen vom kanadischen Maler Christopher Webb. Im rechten Salon kehrt Ruhe ein. Hier wird ein graubraunes Ecksofa mit zwei dunkelblauen Sesseln kombiniert. Das auffälligste Stück ist unbestritten ein schwarz-goldener Beistelltisch vom amerikanischen Designer Philip Michael Wolfson.

Ein besonderes Beispiel für das Vermögen des Hausherrn, schöne und simple Dinge mit Fingerspitzengefühl zu sinnlichen Arrangements zusammenzustellen, findet sich im Esszimmer. Die Kerzenleuchter aus Bergkristall hat er selbst in Auftrag gegeben, die Hasenfigur lief ihm in Südfrankreich über den Weg. Auch der Schragentisch aus dem 18. Jahrhundert und die Stabellen sind noch genauso, wie Urs von Unger sie vor Jahren bei einem Händler fand. »Die schönsten Stücke sind die, die unberührt bleiben. Abgestoßene Ecken oder ein Riss stören mich nicht. Wenn ich etwas restaurieren lasse, dann nur zum Zweck der Erhaltung, nicht um die Vergangenheit zu tilgen.«

»DIE SCHÖNSTEN STÜCKE SIND DIE, DIE UNBERÜHRT BLEIBEN. WENN ICH ETWAS RESTAURIEREN LASSE, DANN NUR ZUM ZWECK DER ERHALTUNG, NICHT UM DIE VERGANGENHEIT ZU TILGEN.«

Vorherige Seite: Die ländliche Holzarchitektur erhält mit Möbeln unterschiedlicher Stilrichtungen Spannung und Eleganz. Die zweiteilige Leinwand stammt von Roland F. Fabian.
Linke Seite: Im Esszimmer stehen alte Stabellen und ein Schragentisch.
Oben: Die Kastlanei wurde 1670 erbaut und war der Amtssitz eines Kastlans.
Rechts: In der Laube vor dem Eingang befindet sich ein kleiner Sitzplatz.

SAANEN

KULTURPLATZ

Das Kleine Landhaus an der Dorfstraße erfuhr
von 2009 bis 2011 eine umfassende Sanierung, die
dem Gebäude seine Würde wiedergab.
Heute werden die zwei oberen Stockwerke für
kulturelle Anlässe genutzt.

Die neue Eigentümerin verliebte sich schon beim ersten Besichtigungstermin in das schmale Treppenhaus. Mochte es noch so heruntergekommen sein, die Farbe an den Wänden sprach zu ihr. Unzählige Schichten mussten hier in den letzten vier Jahrhunderten aufgetragen worden sein. Wild übereinander, ohne auf das Vorher Rücksicht zu nehmen. Auch die Wohnungen in den oberen Stockwerken waren in einem erbärmlichen Zustand. Die einstige Pracht des stattlichen Steinhauses ließ sich nur noch an wenigen Details, die hie und da ins Auge stachen, erahnen. Was von den Bewohnern nicht mehr gebraucht worden war, hatte sich auf dem Dachboden angesammelt. Ein unübersichtliches Meer von in Vergessenheit Geratenem, das seine Besitzer nicht mehr kannten, noch je wieder zu Gesicht bekommen würden. Einzig im Souterrain verstand es der Galerist Urs von Unger, den morbiden Charme des Gebäudes in eine inspirierende Atmosphäre zu transformieren.

Er war es auch, der die Initiative ergriff, als er hörte, dass das Haus, in dem er sich jeden Winter mit seiner Ausstellung einmietete, zum Verkauf stand. Dadurch, dass er die Offerte in seinen Freundes- und Kundenkreis weitertrug, fand sich genau die richtige Person für den Erhalt des Objekts. Die Verlegerin gehört zu den wichtigsten Schweizer Mäzeninnen und unterstützt Projekte aus den Bereichen Literatur, Theater und Musik. Die Liegenschaft würde ihr die Möglichkeit geben, an geschichtsträchtiger Stelle Gäste zu empfangen, Künstler zu beherbergen sowie eine offene Plattform für verschiedenste Kulturveranstaltungen zu schaffen. Die Idee gefiel – und das alte Gemäuer sowieso.

Die ältesten Spuren einer Wohnbebauung, die auf der Parzelle des Kleinen Landhauses gefunden wurden, stammen aus dem letzten Viertel des 13. Jahrhunderts. Das Haus wurde jedoch spätestens nach zwei Generationen wieder abgebrochen. An gleicher Stelle errichtete man in der Folgezeit ein Holzgebäude in Ständerbauweise. Dieses erfuhr in den kommenden 300 Jahren kontinuierliche Erweiterungen. Schon im 15. Jahrhundert ragte hier ein schlankes Steinhaus in die Höhe, das einige Zeit später von einem palastartigen Gebäude mit repräsentativem Saal ergänzt wurde. Im Oktober 1575 zerstörte ein verheerender Brand den größten Teil von Saanen. Doch in die stehen gebliebenen Grundmauern zog neues Leben ein. Peter Krapfen errichtete auf ihnen ein stattliches Wohnhaus, das er 1581 mit der bernischen Regierung gegen ein anderes Anwesen eintauschte. So wurde das Kleine Landhaus zur Nebenresidenz des Landvogts. Knapp drei Generationen später verkauften es die Berner an die Landschaft Saanen, die dort ein Wirtshaus einrichtete. Der Privatmann Peter Haldi erwarb die Liegenschaft 1905 und teilte sie schließlich in mehrere Einheiten auf.

Viele Spuren der unterschiedlichen Nutzungen fanden sich bei der lange fälligen Sanierung, die 2009 begann. »Wir haben überall dort, wo wir konnten, auf den ursprünglichen Zustand zurückgebaut und konserviert«, sagt Urs von Unger. Zusammen mit der Denkmalpflege von Bern suchte er die Farben und Materialien aus, die zum Einsatz kamen. Leider gab es im ganzen Haus keinen einzigen Ofen mehr, nur die Stellen, an denen einmal welche gestanden haben mussten, konnte man noch erkennen. Doch ein guter Geist wachte über das Vorhaben. Urs von Unger wurde genau zum richtigen Zeitpunkt ein authentisches Stück angeboten. So zog ein mächtiger Specksteinofen aus dem Wallis in den Salon auf der zweiten Etage ein.

Mit der Treppe vom ersten in den zweiten Stock hatte der kundige Galerist anderes im Sinn. Sie war zu alt, um saniert zu werden. Doch anstatt das Historische nachzuahmen, entwarf er einen geschwungenen Aufgang aus patiniertem Messing mit Tritten aus massiven, alten Eichenbalken. Modernität findet sich auch unter dem Dach. Hier entstand ein großer Veranstaltungssaal. Im Apartment daneben begegnen Gäste auf kleinstem Raum gestalterischer Raffinesse, Ruhe und Gemütlichkeit. Was für ein wunderbarer Ort, der durch gütige Hände zu seiner wahren Größe zurückfand.

Vorherige Doppelseite: Unter dem Dach des Kleinen Landhauses wurde nach der Renovierung ein großer Raum eingerichtet, der für Lesungen und andere kulturelle Anlässe genutzt wird.
Rechte Seite: Im zweiten Stock liegt hinter der Straßenfassade ein Salon mit cremeweißen Wänden, antikem Specksteinofen und Vintage-Mobiliar.

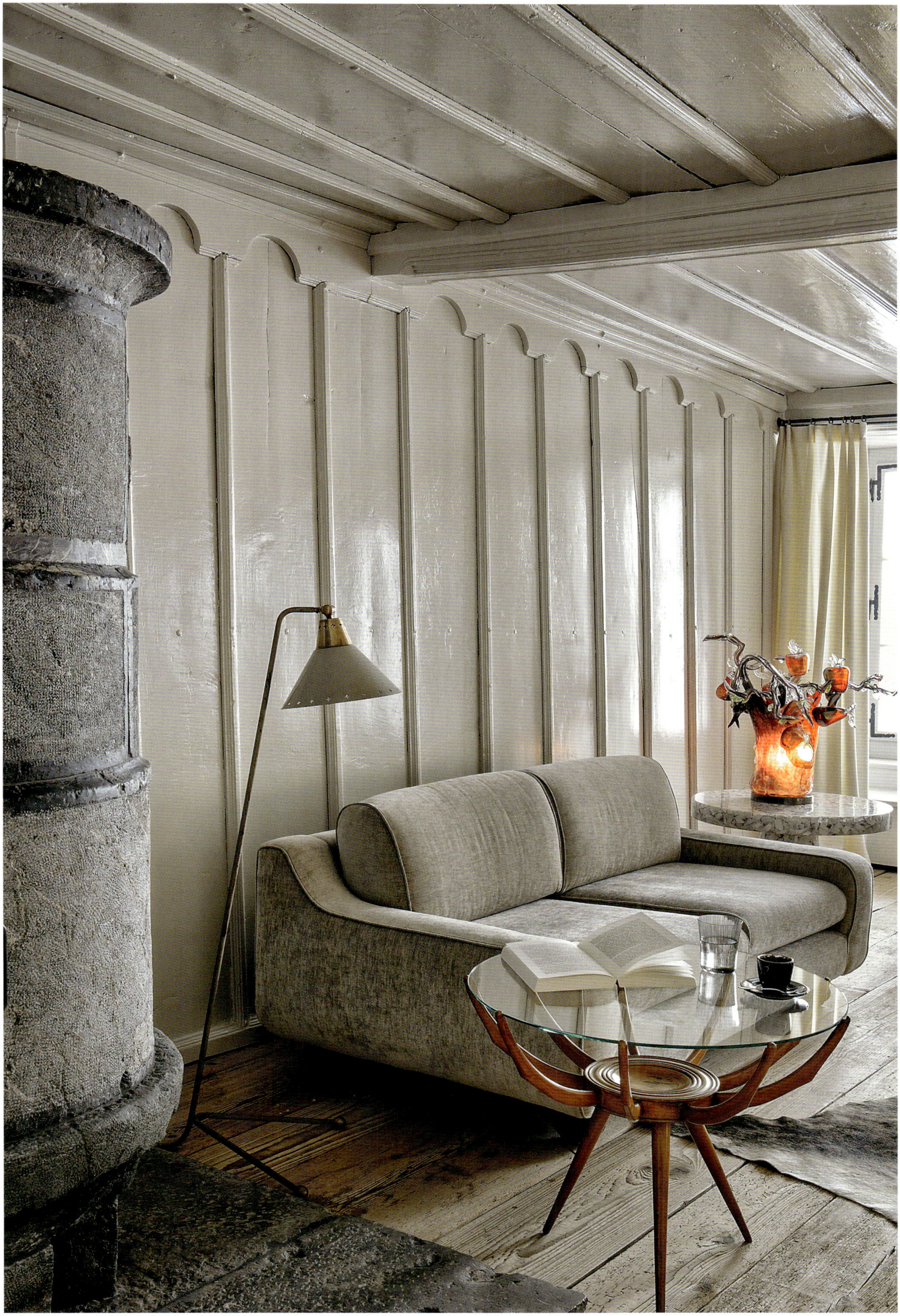

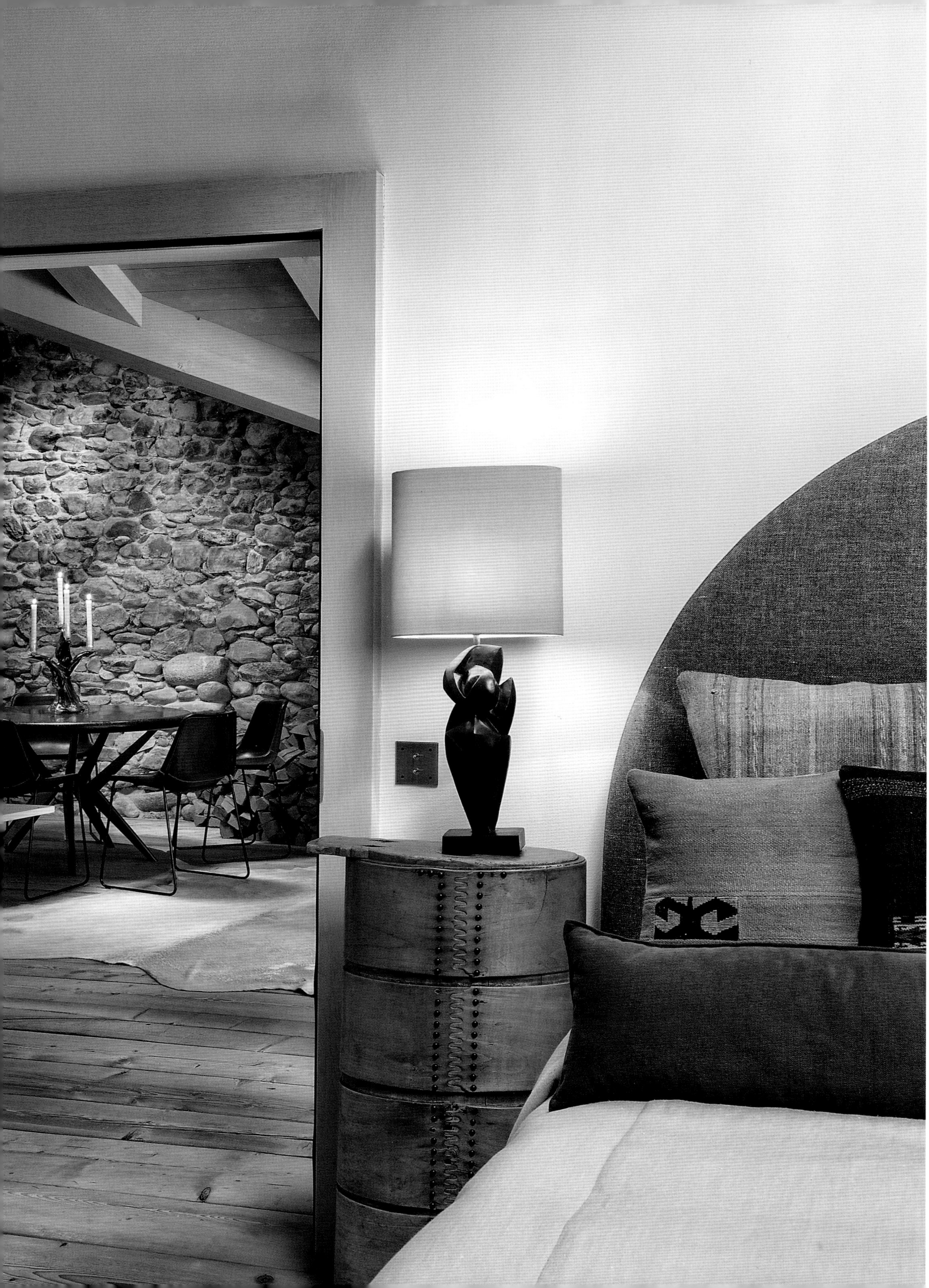

MODERNITÄT FINDET SICH AUCH UNTER DEM DACH. HIER ENTSTAND EIN GROSSER VERANSTALTUNGSSAAL. IM APARTMENT DANEBEN BEGEGNEN GÄSTE AUF KLEINSTEM RAUM GESTALTERISCHER RAFFINESSE, RUHE UND GEMÜTLICHKEIT.

Linke Seite: Neben dem Veranstaltungsraum gibt es ein kleines Apartment. Als Nachttisch dient eine traditionelle hölzerne Milchkanne.
Oben: Die Einbauküche ist auf Maß gefertigt.
Rechts: Der Treppenaufgang mit seinen jahrhundertealten Farbschichten hatte es der neuen Besitzerin angetan. Darum wurden seine Wände nicht saniert, sondern nur konserviert.

CHALBERHÖNI

GLÜCKLICHE WENDUNG

Nachdem ihr Haus abgebrannt war, bauten es Anne und Janos Lux im historischen Stil wieder auf. Im Inneren brachte die passionierte Dekorateurin den Charme eines Holzchalets und ein zeitgemäßes Wohnkonzept unter ein Dach.

So einen Moment vergisst man nicht. »Mein Telefon klingelte und ein Nachbar sagte mir, mein Haus würde brennen. Erst dachte ich, er mache Witze. Aber dann habe ich verstanden. Am nächsten Morgen sind wir von Paris aus losgefahren. Als wir ankamen, lag alles in Schutt und Asche«, erzählt Janos Lux. Der Schicksalstag, den er beschrieb, war der 28. Dezember 2008. Nicht nur die Feuerwehr versuchte zu helfen, auch die Bauern aus dem Tal waren vor Ort. An die 50 Personen. Doch bei 17 Grad unter null war es unmöglich, den Brand zu löschen. Das Wasser gefror innerhalb von Minuten. Nicht mal das kleinste Andenken von dem, was einst ihr Ferienhaus gewesen war, blieb der Familie. Sie hatte sich von einem Immobilienmakler breitschlagen lassen, ihr Chalet über die Weihnachtsfeiertage ausnahmsweise zu vermieten. Heute sind sich Anne und Janos Lux einig: »Es war das erste und das letzte Mal, dass wir unser Haus hergegeben haben.«

ANNE UND JANOS LUX, CHALBERHÖNI

Nach dem Schock kam erst einmal die Ernüchterung. Wer würde den Schaden bezahlen? Es folgten nervenaufreibende Verhandlungen mit den Versicherungen. Doch bereits im März 2009 kam der positive Bescheid. »Natürlich ersetzt dir niemand, was du über viele Jahre zusammengetragen hast. Bilder, Erinnerungen, Erbstücke. Aber wenigstens konnten wir nun das Haus wieder aufbauen«, sagt Anne Lux. Zusammen mit dem Gstaader Architekten Stephan Jaggi entwarf sie die Pläne für ihr neues Heim. Es musste am gleichen Ort stehen und auch die Grundfläche durfte nicht erweitert werden. Allerdings war es erlaubt, das Haus um 30 Grad zu drehen und damit die Terrasse nach Süden auszurichten. Durch einen intelligenten Ausbau des Kellers würde außerdem mehr nutzbare Fläche entstehen. Ende Oktober 2009 erfolgte die Baueingabe, und da Einsprachen ausblieben, konnte im darauf folgenden Frühjahr mit den Arbeiten begonnen werden. Zwei Jahre nach dem schrecklichen Brand, Weihnachten 2010, war das neue »Luxhuus« bezugsbereit.

Es liegt direkt an der Piste, in einem Seitental, das mit dem Auto erreicht werden kann. Das Chalberhöni bildet die Schnittstelle zwischen dem Gipfel des Vorderen Eggli, der zum Skigebiet von Saanen und Gstaad gehört, und der Station Les Gouilles, die nach La Videmanette über Rougemont führt. Zwei Sessellifte bringen die Skifahrer zu beiden Seiten in die Höhe. Neben der Anlage stehen eine Handvoll Häuser. Viele Gäste kennen das Restaurant Waldmatte, im Sommer wie im Winter ein beliebtes Ausflugsziel. Weiterhin gibt es hier oben noch eine Reihe von Bauernhöfen, die an der schmalen Straße stehen, die den Chalberhönibach bis nach Saanen begleitet. Da in einer Landwirtschaftszone Neubauten nicht erlaubt sind, musste das »Luxhuus« von außen dem Stil der Region entsprechen. Die Zimmerleute brachten also ihr ganzes Können zum Einsatz.

NICHT EINMAL DAS KLEINSTE ANDENKEN VON DEM, WAS EINST IM FERIENHAUS GEWESEN WAR, BLIEB.

Vorherige Doppelseite: Am Esstisch von Thierry Lemaire stehen Lackstühle, die Barnaba Fornasetti zusammen mit Anne Lux für ihr Chalet entwarf.
Linke Seite: Der Kamin ist mit geschwärztem Stahl verblendet. Davor entfaltet sich eine Sitzgruppe aus Alt und Neu.
Oben: Das Ledersofa stammt vom Mailänder Designer Vincenzo De Cotiis, die lila Lounge-Sessel entwarf Warren Platner im Jahr 1966.
Rechts: Die Bar ist über Stahlträger an der Decke aufgehängt. Ihre Rückseite bietet viel Stauraum.

»ÜBER FREUNDE TRAF ICH BARNABA FORNASETTI. ICH FRAGTE IHN, OB ER NICHT EINEN STUHL FÜR MEIN CHALET ENTWERFEN KÖNNE. SO ENTSTAND DER ›LUX CHAIR‹.«

Oben: Jeden der Fornasetti-Stühle schmückt eine andersfarbige Zipfelmütze. Der handgewebte Tischläufer stammt aus Asien.
Links: Die Terrasse des Hauses ist nach Süden gerichtet. Hier kann man sogar im Winter Brotzeit machen.
Rechte Seite: Die Unterschränke der Küche sind mattschwarz lackiert. Die Oberschränke und eine Seitenwand ließ man mit orangem Glas verblenden.

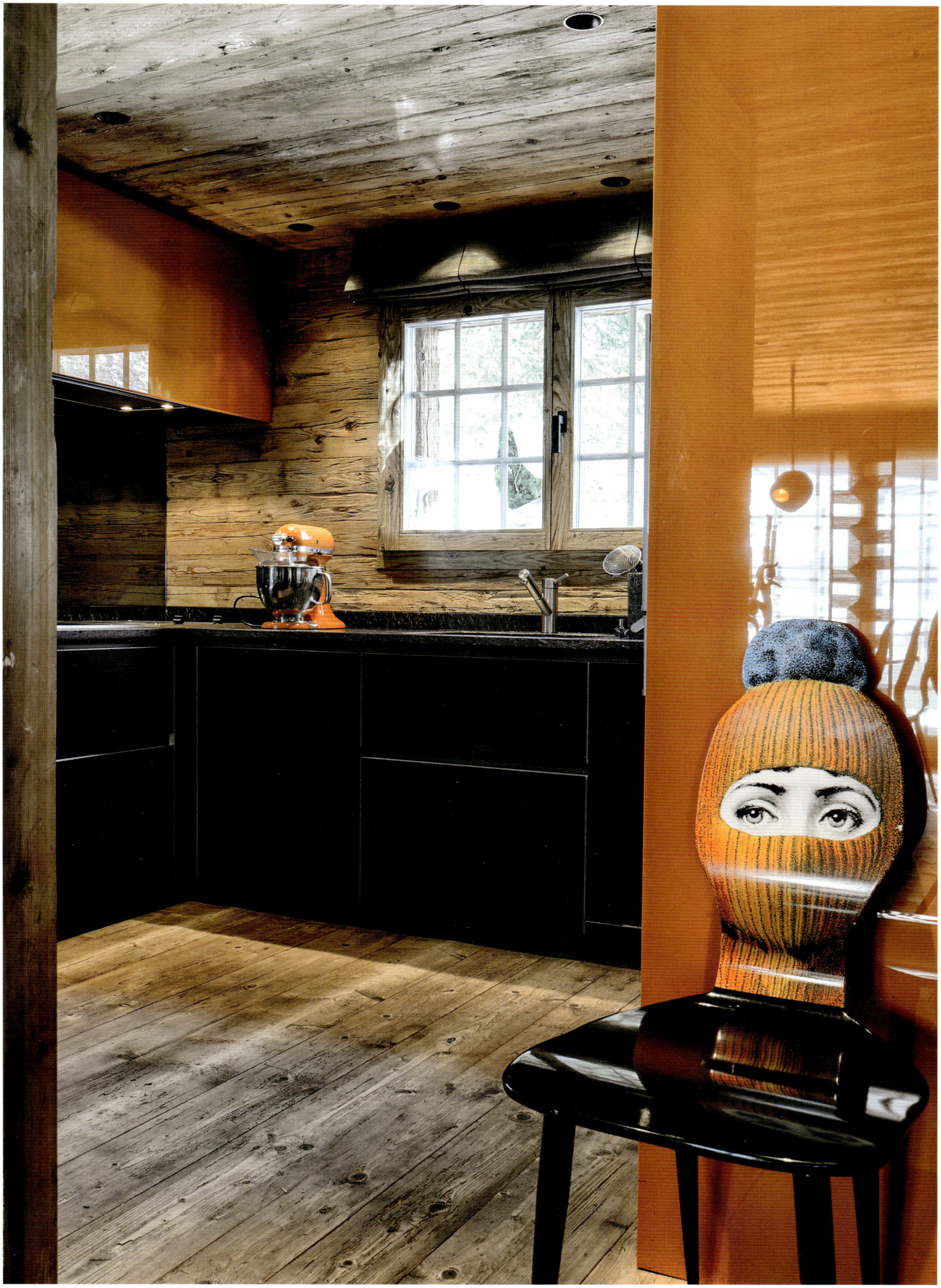

Unter Verwendung von altem, sonnengegerbtem Holz entstand ein zweistöckiges Gebäude mit langen Fensterbändern, flachem Satteldach und weitem Dachüberstand. Natürlich werden heute Dämmschichten und moderne Technik eingebaut, doch das Prinzip dieses Haustyps ist seit Jahrhunderten unverändert.

Im Inneren hingegen sind die Bewohner frei, den Wohnstil zu wählen, der ihren Bedürfnissen und Wünschen am besten entspricht. Anne Lux konsultierte den Pariser Innenarchitekten Thierry Lemaire. Gemeinsam entschieden sie sich für den goldenen Mittelweg. »Das alte Haus hatte den Charme einer Waldhütte und war unglaublich gemütlich. Aber es gab wenig Licht. Das war vor allem im Sommer sehr schade. Nun können wir schon im Frühling auf unserer Terrasse frühstücken und genießen es, in die Natur zu blicken«, erzählt sie. Die neue Raumaufteilung bringt Modernität an einen Ort, an dem man diese nicht vermuten würde. Der Wohnbereich erstreckt sich von einer Längsseite des Hauses bis zur anderen. Er ist durch seine Nutzung dreigeteilt: Essen, Salon, Bar. Davor liegen die lange Terrasse und ein weitläufiger Garten. Die Küche, das Treppenhaus und ein Fernsehzimmer befinden sich auf der Rückseite des Hauses, dort wo auch der Eingang ist.

Besonderes Vergnügen bereitete es Anne Lux, die Einrichtung für ihr neues Feriendomizil zusammenzusuchen. Schon lange beschäftigt sie sich mit dem Thema Wohnen und betrieb eine Zeitlang sogar ein Einrichtungsgeschäft in Genf. Inzwischen hat sie sich darauf spezialisiert, junge Designer zu scouten, traditionelle Handwerkstechniken wiederzuentdecken sowie schöne alte Möbelstücke und Objekte aufzuspüren. Diese setzt sie dann in ihren privaten Interieurs ein, immer wieder aber auch in Projekten, die sie für Freunde und Kunden ausstattet. Ihre letzten Aufträge vollendete sie in Rougemont, Genf, Luzern, London und im griechischen Porto Heli. »Meine Frau hat die unglaubliche Fähigkeit, Trends zu erkennen, lange bevor sie aktuell werden. Sie weiß, wo die besten Geschäfte sind, die angesagten Restaurants und die schönsten Hotels. Wenn Bekannte von uns verreisen, rufen sie vorher bei ihr an, um zu fragen, wo sie absteigen sollen und was sie sehen müssen«, erzählt Janos Lux. »Ich lese viel und ich reise. Dann kommen die Dinge einfach auf mich zu, und ich finde die tollsten Sachen. Ich versuche, nie etwas zweimal zu machen. Auch in der Mode. Ich habe einen sehr individuellen Stil, möchte nicht so aussehen wie andere«, fügt Anne Lux an.

Eine der bevorzugten Destinationen der Genferin ist Mailand. Dort besucht sie Osanna Visconti di Modrone, Nilufar (eine Galerie für Vintage-Möbel) oder den Showroom von Dimore Studio und fand schon so manches Einzelstück. Auch der Stil des Architekten Vincenzo De Cotiis hat es ihr angetan. Er entwarf das Ledersofa im Wohnzimmer. Ein weiterer Grund, um nach Italien zu fahren, ist Anne Lux' ältere Tochter Bérengère, die hier mit ihrer Familie lebt. So ergab sich eine ganz besondere Kooperation. »Bei einem privaten Abendessen traf ich Barnaba Fornasetti. Ich fragte ihn, ob er nicht einen Stuhl für mein Chalet entwerfen könne. Er antwortete mir, er wolle in den Archiven seines Vaters nachschauen. So entwickelten wir zusammen den ›Lux Chair‹, der inzwischen zur Kollektion von Fornasetti gehört«, erzählt sie. Sechs Exemplare davon stehen am Esstisch. Ihre Rückenlehnen bilden Gesichter, die bunte Pudelmützen tragen – jede in einer anderen Farbe.

Auf der gegenüberliegenden Seite des Wohnraums wurde eine lange Bar installiert. Hinter der Front des schwarz lackierten Körpers finden Gläser und Spirituosen Platz. Von vorne wirkt das Möbel mit einer Deckenabhängung aus geschwärztem Stahl wie eine Skulptur im Raum. Interessant sind auch die Raffrollos vor den Fenstern. Die Hausherrin verzichtete bewusst auf Vorhänge, um dem Raum mehr Modernität zu geben. Dafür ist das Material eine handwerkliche Kostbarkeit: Abacá wird auf den Philippinen aus Bananenfaser gewebt.

Der Weg in die obere Etage führt über einen Treppenaufgang, dessen durchbrochene Struktur Anne Lux in der Villa Necchi in Mailand sah. Das Herrschaftshaus aus den 1930er-Jahren, das heute ein Museum ist, diente als Set für den Film *Amore* mit Tilda Swinton. Grafische Muster gibt es auch in den Schlafzimmern. Sie prangen auf den Stoffen der italienischen Textildesignerin Idarica Gazzoni, aus denen Vorhänge, Wandbespannungen und Kissen gearbeitet wurden. Hinter Rauchglasscheiben liegen intelligent geschnittene Bäder, die sogar auf engstem Raum viele Annehmlichkeiten schaffen. Sie sind komplett mit schwarzem brasilianischem Granit ausgekleidet, der im Sonnenlicht aussieht, als wüchsen Tausende von bizarren Blumen auf seiner Oberfläche.

Schon die Mutter von Anne Lux verstand es, Räumen mit ungewöhnlichen Details eine raffinierte Note zu verleihen. So gab es in ihrem Elternhaus in Fribourg etwa einen Raum mit schwarz-weißer Toile-de-Jouy-Tapete. Lebhaft erinnert sie sich auch daran, wie der Tisch gedeckt war, wenn zu Hause Bridge gespielt wurde. Die dritte Generation ist längst dabei, die Geschichte fortzuschreiben. Sophie arbeitet als Mediaplanerin in Paris, Bérengère führt das international erfolgreiche Schmucklabel Ca&Lou. Auch die Mama trägt ihre Kreationen.

Linke Seite: Für den durchbrochenen Treppenaufgang im Entree ließ sich Anne Lux in der historischen Villa Necchi in Mailand inspirieren.
Rechts: Alle Schlafzimmer liegen im ersten Stock unter dem Dach. Verspiegelte Wände schaffen die Illusion von Raum.

Links: Die Badezimmer sind mit einem brasilianischen Granit ausgekleidet, dessen Oberfläche erscheint, als würden Blumen darauf wachsen.
Unten: Eine hohe Innenwand wurde mit einem Druckdessin von Idarica Gazzoni bezogen. Davor steht eine schwarze Kommode mit gelben Details.
Rechte Seite: Die Unterseite des Dachs ließ Anne Lux weiß lasieren. Das eingebaute Lackregal bildet einen Kontrast zum rustikalen Holz der Wände.

»DAS ALTE HAUS HATTE DEN CHARME EINER WALDHÜTTE UND WAR UNGLAUBLICH GEMÜTLICH. ABER ES GAB WENIG LICHT.«

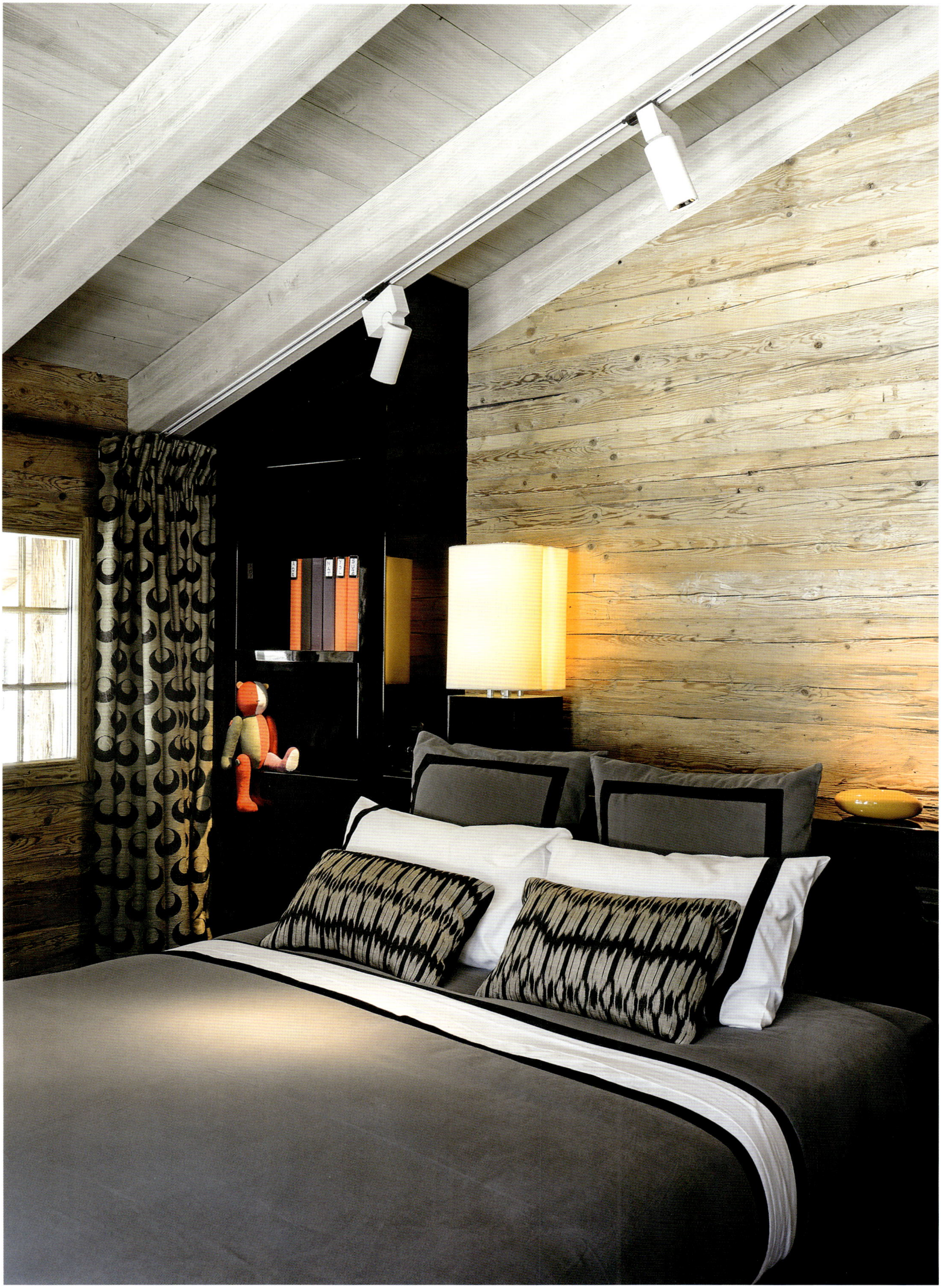

Gstaad

QUALITY TIME

Olivier Bizon liebt beides: seine Arbeit in der internationalen Finanzwelt und die Intimität seines Zuhauses. In bevorzugter Hanglage ließ er sich ein Holzchalet bauen, das ganz auf seine Bedürfnisse zugeschnitten ist.

Die Haustüre wird im Winter nur selten benutzt. Schon gar nicht, wenn es frisch geschneit hat. Stattdessen betritt man das Haus von der Tiefgarage aus. Das ist ungewohnt, hat aber Vorteile. In Gstaad gehört ein Entree tief unter Tage in gewissen Kreisen sogar zum guten Ton. Nicht nur das veranlasste den Genfer Vermögensverwalter Olivier Bizon dazu, sein Chalet White Ace ebenso nach oben wie nach unten zu bauen, sondern auch die Größe der Parzelle. Als er das Grundstück in einer dicht besiedelten Lage oberhalb von Gstaad kaufte, stand noch ein älteres Haus darauf. Manch einer hätte es vielleicht erhalten, renoviert und erweitert. Olivier Bizon ließ es abreißen. Auch wenn ihm von vornherein klar war, dass er sein neues Heim nur auf der gleichen Grundfläche aufbauen darf. Die war nicht groß, etwa acht mal zehn Meter. Darum wurde erst einmal ausgehoben, schließlich sollten zwei Etagen unter der Erde verschwinden. Für eine Tiefgarage, auch wenn sie

Vorherige Seite: Vom Wohnzimmer aus blickt man über den Esstisch direkt in die offene Küche.
Unten: Neben dem Kamin steht ein praktischer Würfel, in dem Brennholz gelagert wird. Dahinter führt eine Treppe ins Dachgeschoss.
Rechts: Neben unbehandeltem Fichtenholz spielt Schwarz die Hauptrolle. Über dem lodernden Feuer hängt ein Werk des britischen Künstlers Garin Turk. Der Bronzebulle auf dem Couchtisch spielt auf Olivier Bizons Namen an.

nur für die private Nutzung gedacht ist, braucht es mehr als die übliche Raumhöhe. Und hier in Gstaad gelten noch andere, ungeschriebene Gesetze: Beheizt muss sie sein, schließlich soll das Eis von den Autos abtauen, und eine anständige Beleuchtung braucht sie auch, damit Besucher sicher den Weg zum Eingang finden. Weil kahle Betonwände aber nicht jedermanns Sache sind, werden in Gstaad sogar die Tiefgaragen mit Kunst, zumindest aber mit dekorativem Kunsthandwerk ausgestattet. Je nach Anspruch des Besitzers.

Im Hause Bizon gelangen Ankommende über ein paar Stufen in eine Bibliothek mit hölzernen Regalen rundum. Darin stehen Familienfotos, Souvenirs und Bücher. In der Mitte des Raums befindet sich ein Glastisch mit PC und erinnert an die Rezeption eines Hotels. Auch das nächste Zimmer, über eine große Flügeltüre verbunden, ist einer Lobby nachempfunden. Das bequeme Ecksofa bietet sich für einen Willkommensdrink geradezu an. Daneben liegt der gut ausgestattete Fitnessraum. Wird er genutzt, dient der Empfangsbereich auch

Oben: Eine Wand des Schlafzimmers ist durchbrochen. Vor hier aus blickt man in den Wohnraum hinunter.
Rechts: Das Badzimmer liegt gleich nebenan. Ein 1970er-Jahre-Hocker und weiches Lammfell sorgen für Komfort.

als Ruhezone mit einer Audio- und Video-Anlage. Alles ist mit hellem Fichtenholz ausgekleidet. Ein geschicktes Beleuchtungskonzept täuscht darüber hinweg, dass es hier kein natürliches Licht gibt.

Weiter geht es in die Etage darüber, in der die Gäste- und Kinderzimmer liegen. Sie sind rund um den Erschließungskern, in dem schwarz-weiße Blumenfotografien an der Wand hängen, angeordnet. Jedes ist in einer anderen Farbe eingerichtet, doch alle haben die gleichen Einbauten und von breiten Brettern gerahmte, weiß verputzte Wände. Wohlgemerkt: Durch die Hanglage befinden wir uns in den meisten Räumen immer noch unter der Erde, nur die zwei Zimmer zum Tal hin verfügen über eine Terrasse. Das Tageslicht erreicht man schließlich im Erdgeschoss. Hier ist der eigentliche Wohnbereich, der komplett ohne Wände auskommt. Treppenaufgang und Treppenabgang, durch deren Holztritte man hindurchschauen kann, liegen zum Hang hin und sind von einem holzverschalten Block abgeschirmt. Er begrenzt den Raum und bietet Platz für Schränke, Regale und einen offenen Kamin. Auf der gleichen Achse liegt die Eingangstüre. Sie führt über einen Windfang direkt ins Wohnzimmer.

Das Einrichtungskonzept ist modern und schnörkellos oder, wie Olivier Bizon es ausdrückt, »männlich und sportlich«. Der Gegenpol zum hellen Holz ist Schwarz – in allen seinen Nuancen. Sie geben den Vorhängen aus grobem Leinen Charakter, den mit schimmerndem Samt bezogenen Stühlen, den Fellkissen auf dem Sofa, dem Stahlrahmen, der den Kamin einfasst, und der Arbeitsplatte in der Küche. Glanzpunkte setzen zwei Beistelltische aus Edelstahl und eine Tischleuchte mit Chromschirm. Auch die Kunst an den Wänden zeigt viel Schwarz – wie die hochformatigen Leinwände des britisch-schweizerischen Künstlers Zed Taylor und das grafische Werk von Gavin Turk. Und weil der Hausherr Bullenstatuen liebt, steht auch eine auf dem Couchtisch: »Sie passen nicht nur zu meinem Namen, sondern auch zu meinem Beruf. Im Büro in Genf habe ich eine große Sammlung.«

Olivier Bizon machte Karriere im Finanzbusiness, bevor er 2006 seine eigene Firma gründete. Heute ist er Vice President und Managing Partner von 1875 Finance mit Büros in Genf, Luxemburg, London und Hongkong. Er betreut private Kunden, Family Offices und institutionelle Anleger, für die er die meiste Zeit auf Reisen und rund um die Uhr ansprechbar ist. Die Wahl für den Ort seines zweiten Zuhauses fiel auch deswegen auf Gstaad, weil dort rund ums Jahr etwas los ist. »Ich bin ein aktiver Mensch. Hier kann ich Ski fahren, und auch sonst gibt es jede Menge zu unternehmen. Außerdem trifft man immer wieder neue, interessante Leute«, meint er.

Selten erlebt man, dass das Interieur eines Hauses die Persönlichkeit seines Besitzers so exakt widerspiegelt, wie dies im Chalet White Ace der Fall ist. Olivier Bizon meint sogar, sein Heim sei die zweite Hülle seiner Seele. Was ihm beim Bauen noch nicht bewusst war, wurde für ihn nach der Fertigstellung immer offensichtlicher: »Ich habe das Haus als vitalen Bestandteil meiner Lebenswelt erschaffen, als etwas, das mir voll und ganz entspricht. Auf bestimmte Weise würde ich das Chalet sogar als ein Familienmitglied bezeichnen.«

Die wichtigsten Eigenschaften eines Experten in der Finanzdienstleistung sind zweifellos Verlässlichkeit und Beständigkeit. Das spürt man in jeder Facette des Hauses. Raumkonzept, Materialauswahl und Bauweise sind bedingungslos von Qualität durchdrungen. Dazu kommt ein Zusammenspiel von Großzügigkeit und Gemütlichkeit, das für einen Wohnsitz, der vor allem der Erholung dient, unabdingbar ist – besonders dann, wenn man, wie es Olivier Bizon liebt, Gäste im Haus willkommen heißt. »Ich brauche die Abwechslung: konzentrierte Arbeit und die Erholung in aller Ruhe. Das pulsierende Leben der Städte und die Zurückgezogenheit in den Alpen. Gesellschaft, Spaß, Ausgelassenheit

Oben: Im zweiten Untergeschoss befindet sich der Empfangsbereich, den man von der Tiefgarage aus betritt. Hier können Gäste Platz nehmen, oder die Familie sieht gemütlich fern.
Rechts: Das Erdgeschoss liegt zur Hälfte im Berg. Helle Spots setzen nicht nur den Flur und das Treppenhaus in Szene, sondern auch die schwarz-weißen Blumenfotografien von Riccardo und Sandrine Barilla.
Rechte Seite: Nach dem Skifahren treffen sich Olivier Bizon und seine Söhne im bestens ausgestatteten Fitnessraum.

EIN GESCHICKTES BELEUCHTUNGSKONZEPT TÄUSCHT DARÜBER HINWEG, DASS ES HIER KEIN NATÜRLICHES LICHT GIBT.

und dann wieder die Intimität der Familie«, erklärt er. Es ist Ende Februar. Der Schweizer genießt die bestgebuchten Wochen des Gstaader Winters. Die Schweiz hat Sportferien, die Deutschen kommen über Fasching, und das berühmte Internat Le Rosey führt sein jährliches Ehemaligentreffen durch. Hier gingen Fürst Rainier von Monaco, König Albert II. von Belgien, die Rothschilds, die Rockefellers, die Aga Khans, die Kinder von Elizabeth Taylor, John Lennon und Roger Moore zur Schule. Sie alle hatten und haben Häuser in der Region. Doch nicht nur das macht das Saanenland für viele so anziehend. Der Genfer Finanzexperte schätzt auch die Bauern, die regionale Produkte herstellen. Allein sieben Höfe kann er von seinem Balkon aus zählen. Hinter dem Haus liegt eine Weide, auf der im Sommer die Kühe grasen. »Oft kommen sie ganz nah ans Fenster und sehen mir beim Frühstücken zu«, erzählt er und lacht. Wer möchte, könne in Gstaad stundenlange Spaziergänge machen. Manchmal sei es aber auch ausreichend, die Zeit verstreichen zu lassen und die Gipfel zu betrachten. Er sieht sie alle: den Wasserngrat, die Wispile, das Eggli und sogar das Honeggli oberhalb von Schönried.

Das Grundstück fand der ortsansässige Architekt Max Rieder für Olivier Bizon. Er plante und baute auch das Chalet, das nicht nur von außen Anleihen an den traditionellen Architekturstil des Saanenlandes macht. Unter dem Dach liegt das Schlafzimmer des Hausherrn, dessen Holzbauweise an eine alte Scheune erinnert und Gemütlichkeit pur ausstrahlt. Da ist zum einen der offene Giebel, der die Dachkonstruktion mit Mittelbalken und darauf liegenden Sparren preisgibt. Die zweite Besonderheit besteht aus einer Wand, deren Bretter mit Abstand gesetzt wurden. Durch die Spalten blickt man hinunter ins Wohnzimmer, das an dieser Stelle doppelte Raumhöhe hat.

»Quality time« nennt Olivier Bizon die Zeit, die er mit seinen beiden Söhnen, 18 und 20 Jahre alt, in Gstaad verbringt. Der ältere studiert in Boston, der jüngere an der Universität in Genf. Wenn sie kommen, verstreichen die Tage wie im Flug. Am Morgen geht es auf die Piste, danach ins hauseigene Fitnessstudio und am Abend wird auch einmal ausgegangen – Männer unter sich.

Château-d'Œx

EAST MEETS WEST

Er ist Niederländer, sie ist auf den Philippinen geboren.
Er leitete die besten Hotels dieser Welt, sie war
im Mediengeschäft zu Hause. Gemeinsam bauten sie
ein Chalet, das schon in der Fassade Anleihen
an die asiatische Baukunst macht.

Das Haus trägt den wohlklingenden Namen Casa Santushti. Der Begriff aus dem Sanskrit bedeutet innere Zufriedenheit. Der Name könnte nicht besser gewählt sein für einen Ort, an dem sich ein Ehepaar nach jahrelanger Rastlosigkeit vorläufig zur Ruhe setzen möchte. Alexa Poortier kam auf den Philippinen zur Welt. Als sie sechs Jahre alt war, zog sie mit ihren Eltern, einem Ärztepaar, nach Kanada. Hier absolvierte sie die Hotelfachschule, eine Weiterbildung in PR und Corporate Communications folgte. Für ein Engagement ging sie nach Hongkong. Mitte der 1990er-Jahre wurde die Kanadierin im boomenden privaten Fernsehmarkt zur Vice President bei ABN und STAR TV ernannt. Der Niederländer Onno Poortier machte schon früh Bekanntschaft mit der Schweiz. Während der Schulzeit kam er, um in den Ferien zu arbeiten – bis er ganz blieb. Er besuchte die Schweizerische Hotelfachschule in Luzern und verbrachte die Winter- wie die Sommersaison in verschiedenen First-Class-Hotels. 1979 erreichte ihn ein Angebot der Peninsula Group aus Hongkong. Nach führenden Managementpositionen in der Megacity und in Manila wurde er sechs Jahre später zum Präsidenten der gesamten auf vier Kontinenten operierenden Fünf-Sterne-Hotelgruppe ernannt.

Als sich die erfolgreichen Globetrotter über den Weg liefen, war Onno bereits 52 Jahre alt, Alexa 37. Für beide wurde es die zweite Ehe. Gemeinsam arbeiteten sie fortan als freie Berater für unzählige Projekte in der Luxus-Hotellerie. Mit zu den schönsten Aufgaben gehörte die Neupositionierung der Privatinsel Frégate Island in den Seychellen, wo sie sieben Monate blieben. Ganze zwei Jahre nahm die Arbeit für die indische Hotel- und Resortmarke The Leela Palaces in Anspruch. Durch seine Mandate im Verwaltungsrat des Badrutt's Palace Hotel in St. Moritz und des Hotel Beau-Rivage Palace Lausanne reiste Onno Poortier regelmäßig in die Schweiz zurück. Und immer, wenn es sich einrichten ließ, zog sich das Ehepaar in seine Wohnung in Rougemont im Kanton Waadt zurück. Hier erreichte sie auch die Anfrage, die Entwicklung, das Branding, das Marketing, die Personalrekrutierung und die Eröffnung eines neuen First-Class-Hotels in der Region zu begleiten. Mit ihrer Zusage wurden die Poortiers zu den Wegbereitern des The Alpina Gstaad.

Zur gleichen Zeit nahm ein anderer Traum Gestalt an. Lange suchten sie nach einem Grundstück für ein eigenes Haus in und um Rougemont. »Es kam selten etwas auf den Markt, und wenn, dann nur für einen sehr hohen Preis«, erzählt Alexa Poortier. Bis zu dem Tag im Februar 2009, an dem ihnen ein Makler ein Stück Land in der Ortschaft Château-d'Œx anbot. »Es gab viele Interessenten. Aber wir erhielten den Zuschlag. Zum ei-

»ICH HABE VIEL VON MEINER ERFAHRUNG
EINBRINGEN KÖNNEN UND JEDES
DETAIL MIT AUFMERKSAMKEIT GEPLANT.«

Vorherige Seite: Der große Wohnraum reicht bis unters Dach. Die Wände wurden verputzt und grau-beige gestrichen. Antiquitäten, Skulpturen, Bilder und Textilien aus Asien zeugen von der Sammelleidenschaft des Paares.
Linke Seite: Am Esstisch haben acht Personen Platz. Zwei Fensterbänder spenden Tageslicht.
Oben: Ein voluminöses Ecksofa bietet Platz für viele Gäste. Das Bild darüber stammt von einem Künstler aus Hongkong.
Rechts: Die Fassade des Hauses trägt indisch inspirierte Schnitzereien.

nen wollte man lieber ein Einfamilienhaus als eine Apartmentanlage, zum anderen ist der Sohn der Verkäufer mit einer Niederländerin verheiratet. Das brachte das Eis zum Schmelzen«, fügt Onno Poortier an. 2010 wurde der Kaufvertrag geschlossen. Danach sollte alles ganz schnell gehen. Weil die Poortiers zu diesem Zeitpunkt noch in Indien weilten, ließen sie ihren Architekten Fritz Kopf vom Büro Kopf & Mottier kurzerhand nach Mumbai einfliegen. Drei Tage lang setzte man sich zusammen und konzipierte das neue Zuhause. Mit den Grundrissen und den Ideen für die Materialisierung flog der Fachmann wieder in die Schweiz zurück und machte sich an die Ausarbeitung. Im August konnte mit dem Aushub begonnen werden. Nach etwa einem Jahr Bauzeit zogen die Bewohner im Oktober 2011 ein.

Ein geschultes Auge sieht hier schon von außen, dass etwas nicht mit rechten Dingen zugegangen ist. Selbstverständlich entspricht das Chalet allen Bauvorschriften. Allerdings zeugen die Holzschnitzereien an der Fassade nicht von den hiesigen Gewohnheiten. Ihre Inspiration stammt aus Indien. Alexa Poortier gab den Zimmerleuten das Bild eines Hauses in Rajasthan. Sie übertrugen die Spitzbögen und die feinen Steinbordüren auf die Balkonverkleidung. Im Garten haben zwei Nandi-Skulpturen – Buckelstiere aus der hinduistischen Mythologie – ihren Platz gefunden. Sie blicken stoisch ins Tal und zucken mit keiner Wimper, wenn ihre lebenden Verwandten sie von der Weide aus begrüßen.

Auch das Innere wurde entsprechend ungewöhnlich gestaltet. Der offene Wohnraum reicht bis unters Dach. Hier stehen eine große Sitzgruppe, eine bequeme Chaiselongue und ein Esstisch für acht Personen. Nicht nur die Bilder an den Wänden offenbaren die Vorliebe für asiatische Kunst, auch die vielen dekorativen Objekte lassen keinen Zweifel an ihrer Herkunft zu. Die Kaminverkleidung stammt von einem Steinmetz aus Rajasthan. Alexa Poortier beauftragte ihn, lange bevor ihr Haus fertig war, damit, Lotusblüten in weißen Marmor zu schnitzen. Die drei Löwen aus Onyx sah das Ehepaar auf einem Markt in Mumbai und konnte nicht widerstehen, sie zu kaufen. Auch wenn sie erst einmal in einem Lager verschwanden. Besondere Schmuckstücke finden sich in mehreren Glasvitrinen. Onno Poortier besuchte China zu einer Zeit, in der man auf Märkten und bei Händlern Porzellan kaufen konnte, das in dieser Qualität heute nicht mehr zu haben ist.

»Ich konnte beim Bauen viel von meiner Erfahrung einbringen und habe jedes Detail mit Aufmerksamkeit geplant«, sagt Alexa Poortier. Von ihrem Master-Bedroom im ersten Stock blickt sie durch ein Fenster auf den Wohnraum. In die Schiebetüre ließ sie eine doppelte Acht schnitzen – in China Zeichen für doppeltes Glück.

Links: In einer Ecke der Küche gibt es einen Kamin, der im Sommer auch von der Terrasse aus befeuert werden kann. Davor treffen balinesisches und Schweizer Schreinerhandwerk aufeinander.
Rechte Seite: Kater Hermès hat ein warmes Plätzchen vor dem Feuer gefunden.

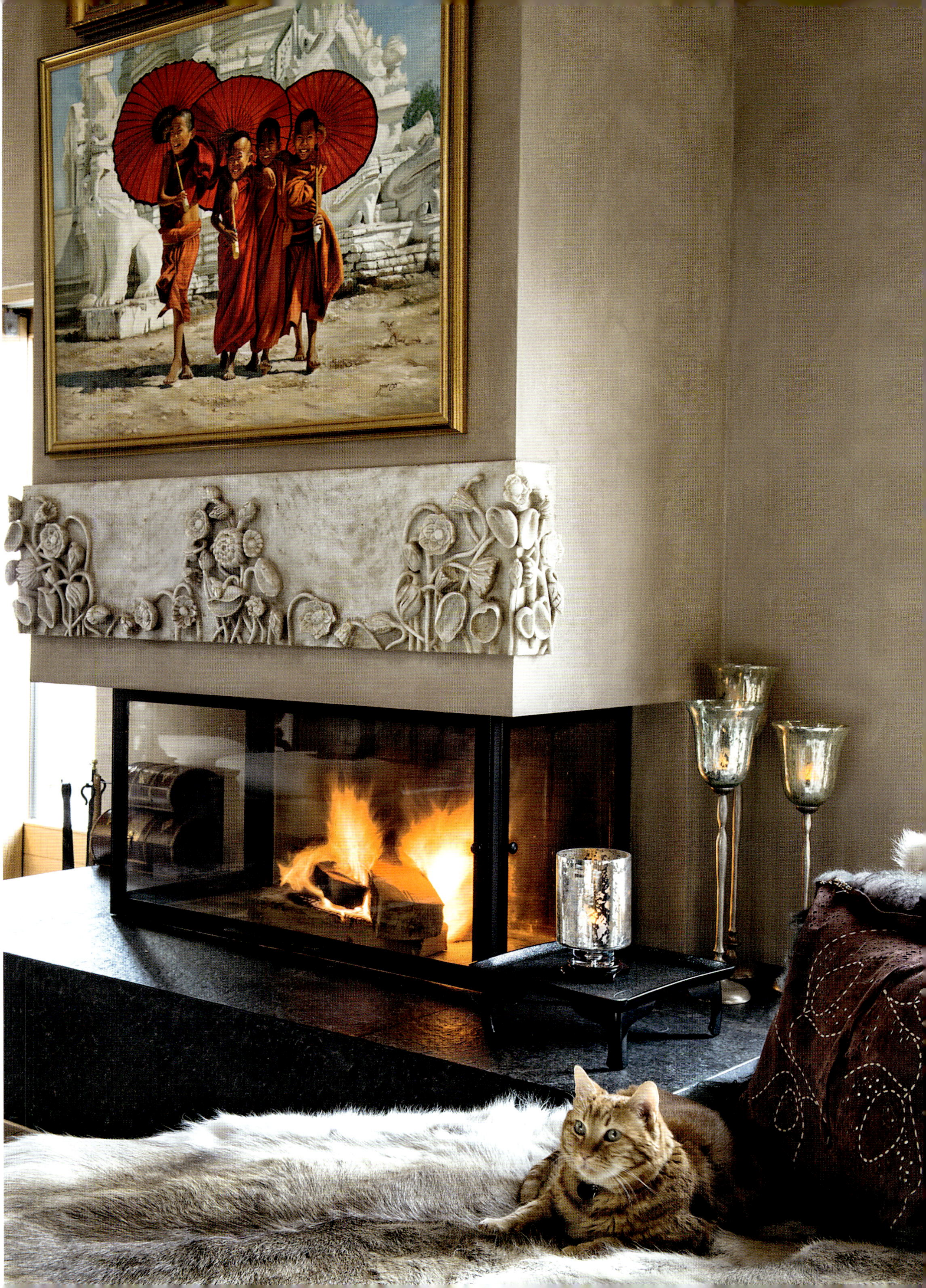

GSTAAD

KONSTRUKTIVER DIALOG

Ein moderner Grundriss, klassische Möbel und zeitgenössische Kunst – Alexandra de Garidel-Thoron vereint scheinbar Gegensätzliches. Für ihr Können wurde sie gerade unter die besten Inneneinrichter Frankreichs gewählt.

Die Badewanne aus weißem Marmor ist über 300 Jahre alt. Alexandra de Garidel-Thoron entdeckte sie auf einer Auktion in der Nähe von Versailles. Ohne die Folgen auch nur zu ahnen, ersteigerte sie das gute Stück für 800 Euro. Nach der Restaurierung sollte es in einem ihrer Projekte im Berner Oberland zum Einsatz kommen. Das Haus war bereits in Arbeit. Wegen des enormen Gewichts von 900 Kilo wurde als erste Maßnahme der Boden im Bad verstärkt. Doch es gab noch ein weiteres Problem, das gelöst werden musste. Wie sollte die Wanne in den zweiten Stock gelangen? Nach verschiedenen Überlegungen blieb nur ein Weg: von oben. Also wurde der Transport so getimt, dass der Koloss in Gstaad eintrifft, wenn gerade der Dachausbau ansteht. Doch wenige Tage vor der Ankunft erreichte die Inneneinrichterin die Nachricht, der Lastwagen werde im Zoll festgehalten. Zu ihren Einkäufen gehörte auch eine antike Kaminplatte von 1595, die erst vom zuständigen Ministerium geprüft werden sollte. Für die Ausfuhr von wertvollen Kulturgütern gelten in Frankreich strenge Regeln. Um keine Lösung verlegen, engagierte sie sogleich eine zweite Spedition. Am Tag, an dem das neue Dach aufgesetzt werden sollte, kam die Wanne buchstäblich in letzter Minute an. Ein Kran setzte sie an ihren Platz. Als die Gurte endlich gelöst wurden, war es vier Uhr nachmittags. Eine Stunde später wurde das Dach geschlossen.

Die Geschichte belustigt jeden, der sie zu hören bekommt. Doch damals hätten ihre Nerven blank gelegen, erzählt die temperamentvolle Französin, die in Genf das Planungsbüro Thébaïde führt. Dabei ist die Wanne nur ein kleines Puzzlestück in einem Hausteil, der sich auf etwa 300 Quadratmetern erstreckt und über zwei Etagen verläuft. Auch der Kunde war kein Unbekannter. Alexandra de Garidel-Thoron hatte bereits die Geschäftsräume seiner Privatbank ausgebaut. Schon hier lernte sie einen Mann kennen, der über einen sehr exklusiven Geschmack verfügt und einen klassischen Einrichtungsstil bevorzugt. Mit ihren Entwürfen konnte sie ihm jedoch zeigen, wie Werte und Tradition auch durch moderne Architektur und eine kraftvolle Formensprache transportiert werden können. Der Dialog wurde zu einem konstruktiven Miteinander, und das Ergebnis gefiel so sehr, dass die Einrichterin den Auftrag für den Ausbau eines Ferienhauses in Gstaad bekam.

Der Banker hatte das Objekt, ein zweistöckiges Chalet, am Ortsausgang Richtung Lauenen 2009 von einem örtlichen Generalunternehmer erworben und die Erdgeschosswohnung an einen anderen Käufer weiterveräußert. Für sich selbst behielt er die erste und zweite Etage. Die Tiefgarage und ein großzügiger Wellnessbereich im Keller sind für beide Parteien zugänglich. Im Kaufpreis enthalten waren auch die Innenausbauten. Doch mit der Verpflichtung von Alexandra de Garidel-

Thoron veränderte sich vieles. Die Interiordesignerin wollte nichts dem Zufall überlassen und forderte alle Pläne an. Dann komponierte sie die Grundrisse beider Stockwerke neu.

In der obersten Etage entfaltet sich unter den Dachschrägen der Aufenthaltsbereich aus Küche, Esszimmer und Salon. Alle drei Zonen liegen wohl in einem Raum, sie sind jedoch geschickt voneinander getrennt: Zwischen Kochen und Essen steht eine lange Theke, Essen und Wohnen trennt ein Kamin, der von beiden Seiten genutzt werden kann. Für ihn wünschte sich der Hausherr ursprünglich eine antike Marmorumrandung. Doch Alexandra de Garidel-Thoron sah die Sache anders. Sie plädierte für einen schlichten mit Holz verblendeten Kubus. Um die Ideenfindung voranzutreiben, ließ sie von ihren Mitarbeitern zwei 3-D-Visualisierungen anfertigen. Die schickte sie dem Auftraggeber – und konnte ihn auch dieses Mal für ihren Weg gewinnen. Im Gegenzug wurde bei der Einrichtung so manches Möbelstück aus seinem Besitz integriert. Beispielsweise wählte man bereits vorhandene historisierende Esszimmerstühle mit geflochtenen Rückenlehnen aus. Wie der auf Maß gefertigte Esstisch wurden sie von einem Gstaader Schreiner schwarz patiniert. Das Geschirr, welches hier aufgedeckt wird, ließ man nach eigenen Wünschen in Limoges herstellen. Eine Sonderanfertigung ist auch der Kronleuchter. Seine Struktur wurde bei einem Schlosser vor Ort in Auftrag gegeben. Für die Glasschirme musste man allerdings in den Südosten Frankreichs ausweichen. Dort fand sich ein Handwerksbetrieb, der Zylinder anfertigte, die von außen schwarz sind und innen blau schimmern. Ist die Lampe erleuchtet, ergibt sich eine reizvolle Maserung. Über die ganze Szene wacht mit magischem Blick die auf Fotopapier gebannte serbische Künstlerin Marina Abramović.

Vis-à-vis zweier mit grauem Velour bezogener Sofas von Promemoria hängt am Kamin ein weiteres Bild aus der Sammlung des Hausherrn. Die quadratische monochrome Leinwand mit ornamentalem Rahmenmotiv stammt vom Katalanen Joan Hernández Pijuan und wurde in der Genfer Galerie Rosa Turetsky erworben. Um die Ecke ist eine Arbeit des Römers Pizzi Cannella zu sehen. »Die meisten Werke konnte ich im Lager meines Auftraggebers gezielt aussuchen«, erklärt Alexandra de Garidel-Thoron. Die blau-schwarzen Bleiglasfenster, die das Treppenhaus abschirmen, entdeckte sie selbst. Sie zeigen Röntgenaufnahmen zweier sich Küssender und stammen vom belgischen Konzeptkünstler Wim Delvoye.

Vorherige Doppelseite: Zwischen dem Lounge-Bereich und dem Esszimmer steht ein holzverblendeter Kubus mit offenen Kamin.
Linke Seite: Für den Innenausbau kam rustikale Fichte zum Einsatz. Zwischen den Dachbalken liegen weiß lasierte Bretter.
Oben: In die Trennwand ist eine praktische Ablage für Brennholz integriert. Davor steht eine Tierskulptur.

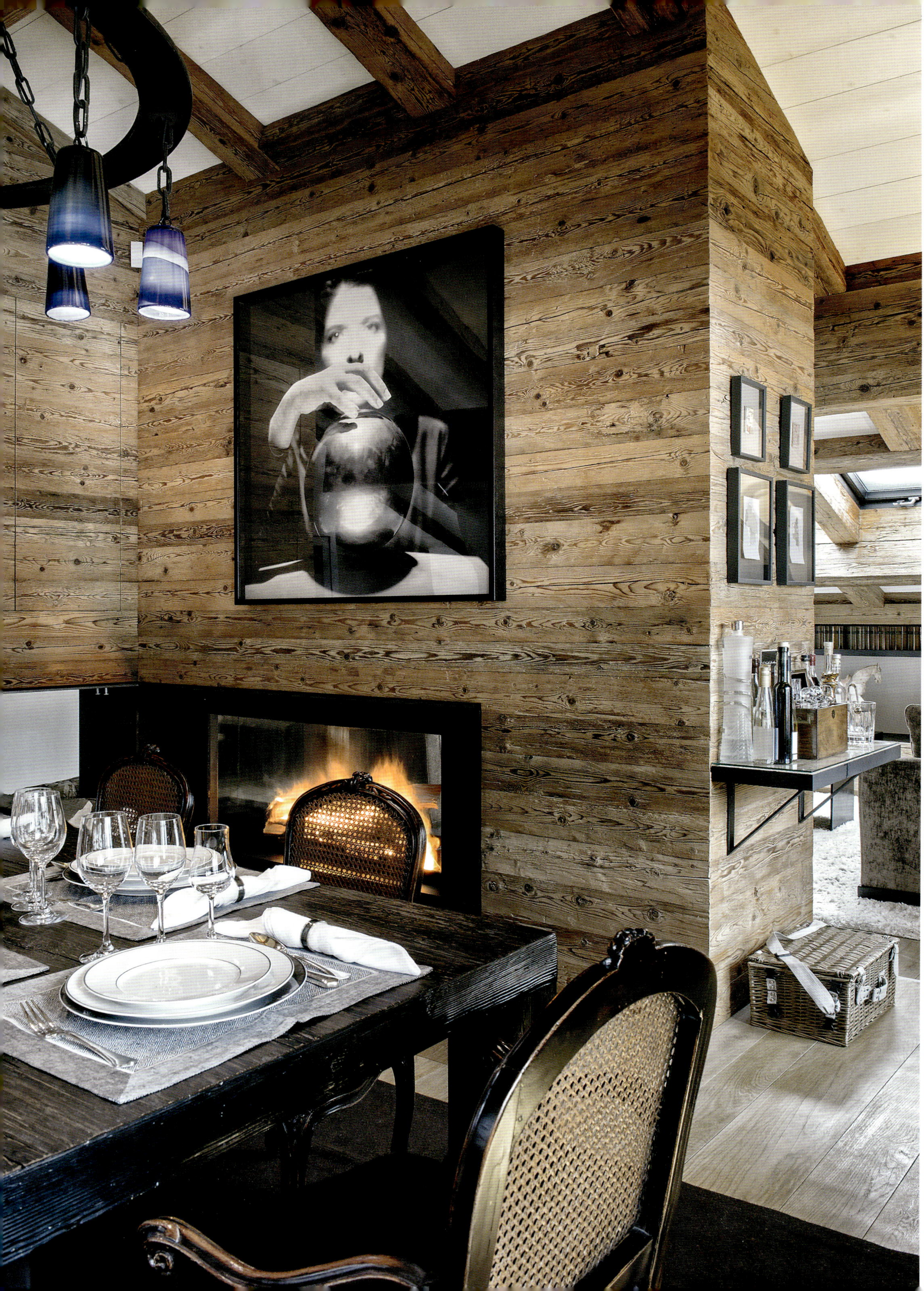

Linke Seite: Auf dem schwarz patinierten Esstisch ist Porzellan aus Limoges aufgedeckt. Der Lüster trägt mundgeblasene Glasschirme, die Fotografie über dem Kamin zeigt die Künstlerin Marina Abramović.
Rechts: Vor dem Treppenhaus wurde ein Bleiglasfenster des Belgiers Wim Delvoye eingebaut.
Unten: Die Küche liegt unter der Dachschräge hinter einer Theke, an der auch gegessen werden kann.

AN DEM TAG, AN DEM DAS NEUE DACH AUFGESETZT WERDEN SOLLTE, KAM DIE WANNE BUCHSTÄBLICH IN LETZTER MINUTE AN.

Oben: In der Suite des Hausherrn sind die Wandschränke hinter der Holzverkleidung versteckt. Das Bett schmücken belgische Wäsche sowie Felldecken und -kissen aus Spanien.
Links: Auch die Wände der Gästezimmer wurden mit Kunst verschönert.
Rechte Seite: Die antike Marmorbadewanne wiegt 900 Kilo. Für sie musste der Boden verstärkt werden. Ein Kran hob den Koloss an seinen Platz.

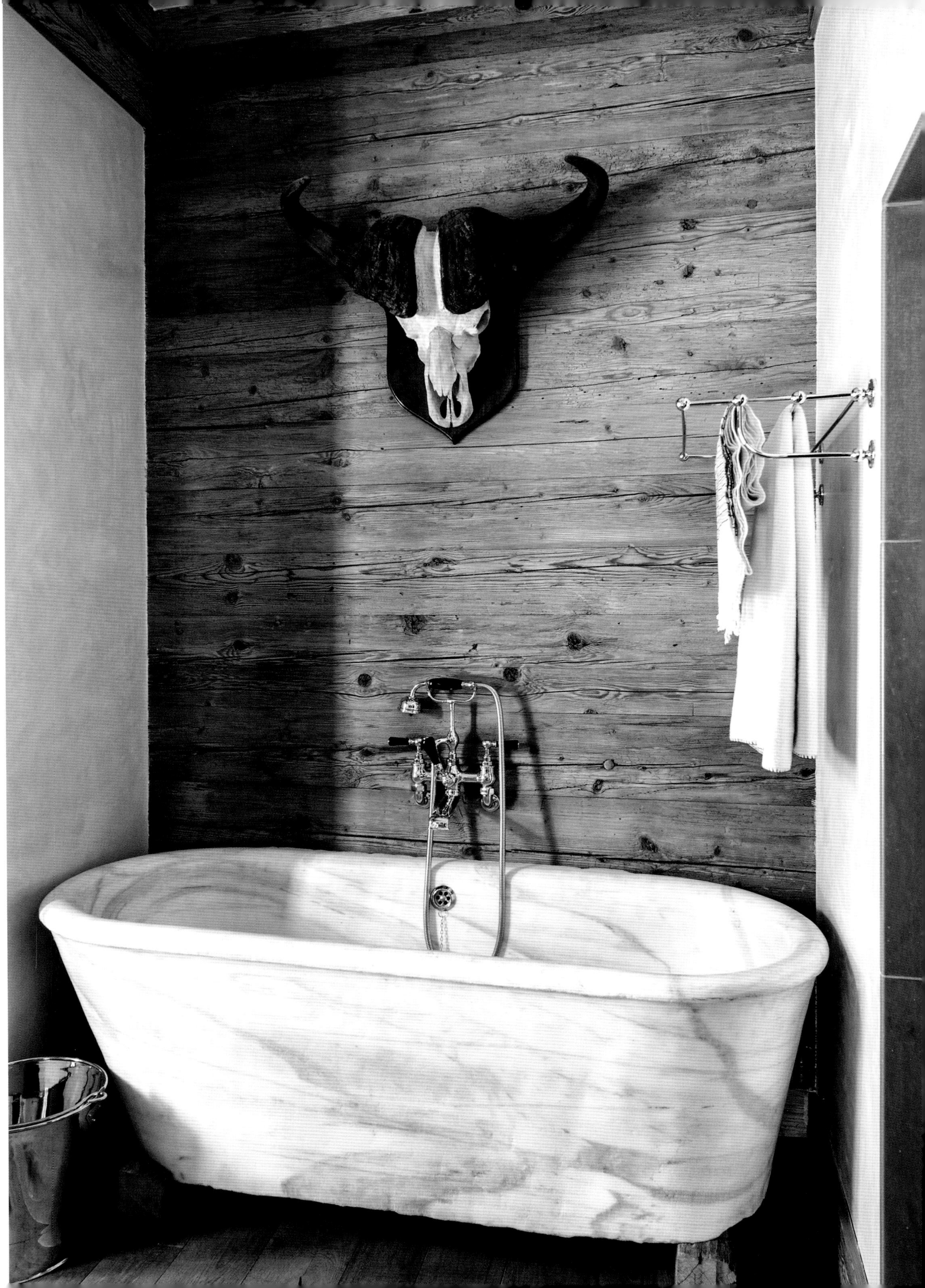

Von den Wänden lässt sich noch ein weiteres teures Hobby ablesen: die Jagd. Überall im Haus, ja sogar auf dem Balkon und im Eingang gibt es Trophäen von Hirschen, Wildschweinen und Wasserbüffeln. Die gleiche Sprache sprechen Felldecken, die in verschiedenen Ausführungen alle Schlafzimmer schmücken. Alexandra de Garidel-Thoron ließ sie in Spanien nähen. Im Master-Bedroom, der noch im Wohngeschoss auf der obersten Etage liegt, erhielt das Bett ein repräsentatives Kopfteil aus grauem Leder. An seinen Rändern ist es mit silbernen Nägeln verziert. Die bestickte Bettwäsche aus feinster Baumwolle wurde in Belgien geordert. Für Wände und Böden wählte die Einrichterin nicht einfach ein Holz aus. Es kamen drei verschiedene Arten zum Einsatz. Wände, Einbauten sowie Türen wurden aus rustikalem dunklem Fichtenholz gezimmert. Zwischen den Dachsparren liegen weiß lasierte Bretter. Sie sollen dem Raum Licht und Leichtigkeit geben. Auch der Boden hat einen hellen Ton und wirkt, obwohl aus altem Holz gefertigt, äußerst zeitgemäß.

Die erste Etage kann sowohl über eine Treppe als auch mit dem Aufzug erreicht werden. Sie funktioniert als eigenständige Einheit und bietet Platz für drei Schlafzimmer und einen Salon mit Kitchenette. Hier verbringen die Töchter des Hauses ihre Ferien. Wie im Reich des Vaters setzt sich die Einrichtung vornehmlich aus drei Elementen zusammen: moderne Kunst, Antiquitäten und ausgesuchte Accessoires, die die Einrichterin auf ihren Reisen zusammenträgt. »Ich mag keine seelenlosen Dekorationsgegenstände. Dinge, die ich finde, haben immer eine Geschichte und einen tieferen Sinn«, erklärt sie. Besonders in den Bergen sei es wichtig, einem Haus einen eigenen Erzählfluss zu geben. Alpine Interieurs, egal ob in Europa oder Amerika, ähnelten sich viel zu sehr. Für ihre Arbeit, die die 43-Jährige inzwischen bis nach Südafrika führt, wurde sie im Frühjahr 2015 von der französischen *AD* unter die 100 besten Einrichter des Landes gewählt. Ideenreich und einladend seien ihre Entwürfe und meist mit ausgewählter Kunst bestück.

Gegen Ende des Rundgangs wartet Alexandra de Garidel-Thoron, die einem alten provenzalischen Adelsgeschlecht entstammt und mit ihrer Tochter in Genf lebt, noch mit einer weiteren amüsanten Geschichte auf: Ursprünglich hätte sie den Auftrag für Gstaad gar nicht annehmen wollen, da sie es hasse, im Schnee Auto zu fahren. Zum Glück konnte die zarte, aber starke Frau ihre Angst überwinden – und hat in den letzten Jahren noch weitere inspirierende Häuser in den Alpen eingerichtet.

Oben: Im Eingang steht ein alter Tisch mit Brennholz. Darüber hängen Jagdtrophäen des Hausherrn.
Rechts: Der Gästetrakt befindet sich eine Etage unterhalb des Wohnbereichs. Dazu gehört auch ein Salon, der mit Antiquitäten und einer bequemen Sitzgruppe ausgestattet ist.

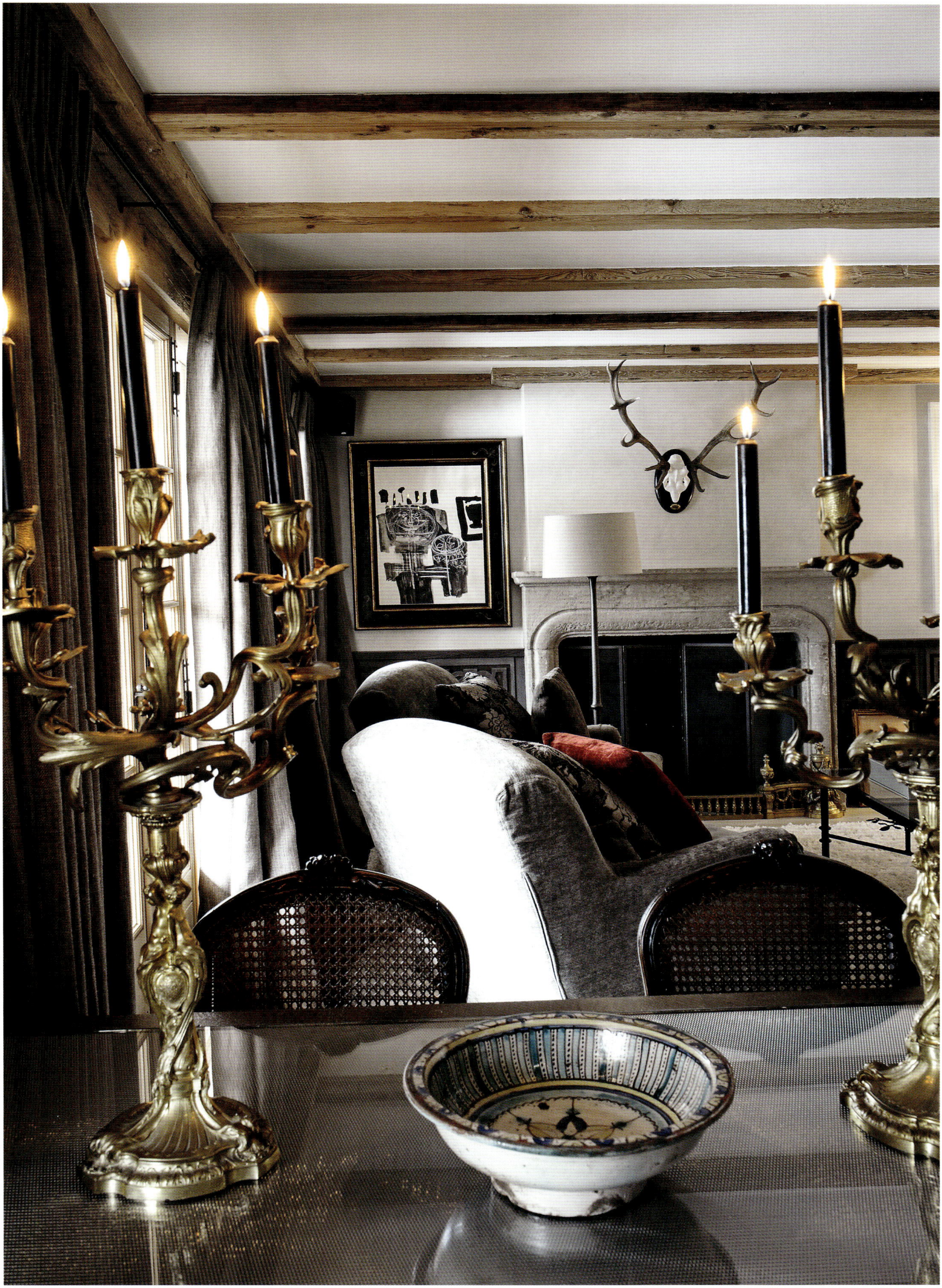

GSTAAD

IM REICH DER ZAREN

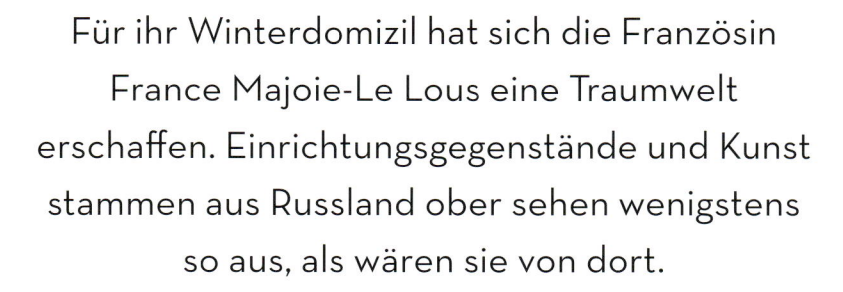

Für ihr Winterdomizil hat sich die Französin France Majoie-Le Lous eine Traumwelt erschaffen. Einrichtungsgegenstände und Kunst stammen aus Russland ober sehen wenigstens so aus, als wären sie von dort.

Es war der gesellschaftliche Anlass dieses Winters. Am 22. Februar 2015, einem Sonntag, lud Madame Familie, Freunde und Bekannte zu einem Fest der Sinne ein. Sie hatte sich für den Abend ein besonderes Motto ausgedacht: »Comme dans les tableaux du Douanier Rousseau« – so wie in den Bildern des Zöllners (Henri) Rousseau. Der naive französische Maler wurde für Werke wie »Der Traum« oder »Dschungel mit Löwe« bekannt, die exotische Szenen mit wilden Tieren zeigen.

Die Herren waren schriftlich aufgefordert, mit Safarianzug oder als Jäger zu erscheinen, die Damen sollten Ideenreichtum beweisen. So fanden sich an besagtem Abend in einem beheizten Zelt am Rande des Dorfes um die 300 Gäste ein. Was sie dort geboten bekamen, sucht seinesgleichen: ein künstlicher Urwald mit ausgestopften Tieren, See und Grotte, Musiker aus Afrika, Seilartisten vom Cirque du Soleil und ein von Spitzenköchen kreiertes Themenmenü, das von passend geklei-

Vorherige Doppelseite: Die Wände im Esszimmers wurden mit rotem Stoff bespannt. Auf dem Boden liegt ein Kassettenparkett aus Massivholz.
Oben: Die Draperien im Entree sind wie der Bühnenvorhang des Bolschoi-Theaters in Moskau gestaltet. Der mit Ornamenten verzierte Spiegel stammt aus St. Petersburg.
Rechte Seite: An den Wänden im Salon prangen Malereien in Sepiatönen.

detem Servicepersonal bis spät in die Nacht aufgetragen wurde.

France Majoie-Le Lous liebt es, ihren Geist schweifen zu lassen. In ihrer Fantasie bereist sie gerne vergangene Zeiten und ferne Länder. Besser noch, sie scheut sich nicht, ihre Traumwelten auch in die Realität umzusetzen. Mit einem großzügigen Fest oder auch mit einer Einrichtung. Wer sie zu Hause in Gstaad besucht, darf gespannt sein. Hat sich der Aufzug geöffnet, der vom Erdgeschoss eines Apartmenthauses im Zentrum direkt ins Penthouse fährt, beginnt das Reich der Zaren – im Miniaturformat. Üppige Stoffdraperien begrüßen Geladene gleich im Entree. Sie sind, wie die von einer indirekten Beleuchtung gekrönten korinthischen Säulen, der Bühne des Bolschoi-Theaters nachempfunden. Eine rot-golden gestreifte Tapete schmückt die Wände. An einem Lüster baumeln mundgeblasene Glaskugeln. Der Spiegel ist mit ausschweifenden Ornamenten verziert und stammt aus St. Petersburg. Auf einer gefassten Konsole stehen bemalte Windlichter, antike Silberkreuze und eine Ikone mit dem Abbild Alexander Newskis, dem russischen Nationalhelden und Heiligen der orthodoxen Kirche. An der Türe gegenüber hängt ein Portrait des Schriftstellers Iwan Turgenew.

Nur ein paar Schritte weiter im Salon serviert die Französin nicht nur ein Glas Champagner, sondern auch einen Teil der Lösung des Rätsels, welches sie Besuchern aufgibt: »Mein Bruder war ein großer Verehrer russischer Literatur, Kunst und Kultur. Er hatte eine Wohnung im Palais Royale in Paris, die voll mit Antiquitäten, Büchern und Gemälden war. Als er vor ein paar Jahren starb, habe ich alles hierher nach Gstaad gebracht und ihm ein Andenken geschaffen«, erzählt sie. Das ist ihr wahrlich gelungen.

Zwei mit Brokat bezogene Kanapees stehen einladend vor einem offenen Kamin, in dem ein wärmendes Feuer lodert. Die Holzvertäfelungen zu beiden Seiten der Sandsteinverkleidung wurden von einem Pariser Künstler mit historischen Szenen in Sepiatönen bemalt.

»Ich habe ihm die Motive nicht vorgegeben. Er hat sie für mich als Überraschung entworfen. Sind sie nicht großartig?«, meint die Hausherrin entzückt. Ihr Faible für schöne Stoffe ist allgegenwärtig. Vor den Fenstern hängen kostbare Gewebe von Rubelli und Braquenié. Feine Posamenten – Bänder, Quasten, Kordeln – runden den historisierenden Stil ab. Ein Reigen von Rot und Gold erfüllt auch das Esszimmer, das gleich nebenan liegt. Auf einer Konsole gibt es eine Sammlung traditioneller Lackminiaturen aus der Stadt Palech in Zentralrussland zu bewundern. Die großen und kleinen Pappmaché-Dosen sind mit Malereien in Eitemperafarben geschmückt. Dazwischen liegen und stehen eine antike Bernsteinpfeife, ein Tafelaufsatz aus Malachit, kunstvolle Bilderrahmen und einige handbemalte Eier. Natürlich darf hier auch ein antiker Samowar nicht fehlen. Er ist zusammen mit einer silbernen Kaviarschale auf der Anrichte am Kopfende des Esstisches platziert. Wer fernsehen möchte, kann aus einer Sammlung russischer Filme auswählen und ganz abtauchen.

Obwohl die Architektur des Apartments hier oben unter dem Dach der eines klassischen alpenländischen Hauses entspricht und überall der offene Giebel mit seinen statischen Details zu sehen ist, scheint die ungewöhnliche Mischung kein Widerspruch zu sein. Auch wenn Baustile örtlich geprägt sind, gibt es doch weltweit ein verbindendes Element für ländliches Wohnen. Das schweizerische Chalet und die russische Datscha sind beide aus Holz gebaut. Das ist hier allgegenwärtig – an den Wänden, an der Decke, auf den Böden. So finden im Zuhause von France Majoie-Le Lous zwei unterschiedliche Haltungen zum Leben auf dem Land zusammen, eine rustikale, dem Bäuerlichen entlehnte und eine mehr von der romantischen Vorstellung des Städters geprägte. Ihre Symbiose verhilft beiden zu einem vorteilhaften Aufritt.

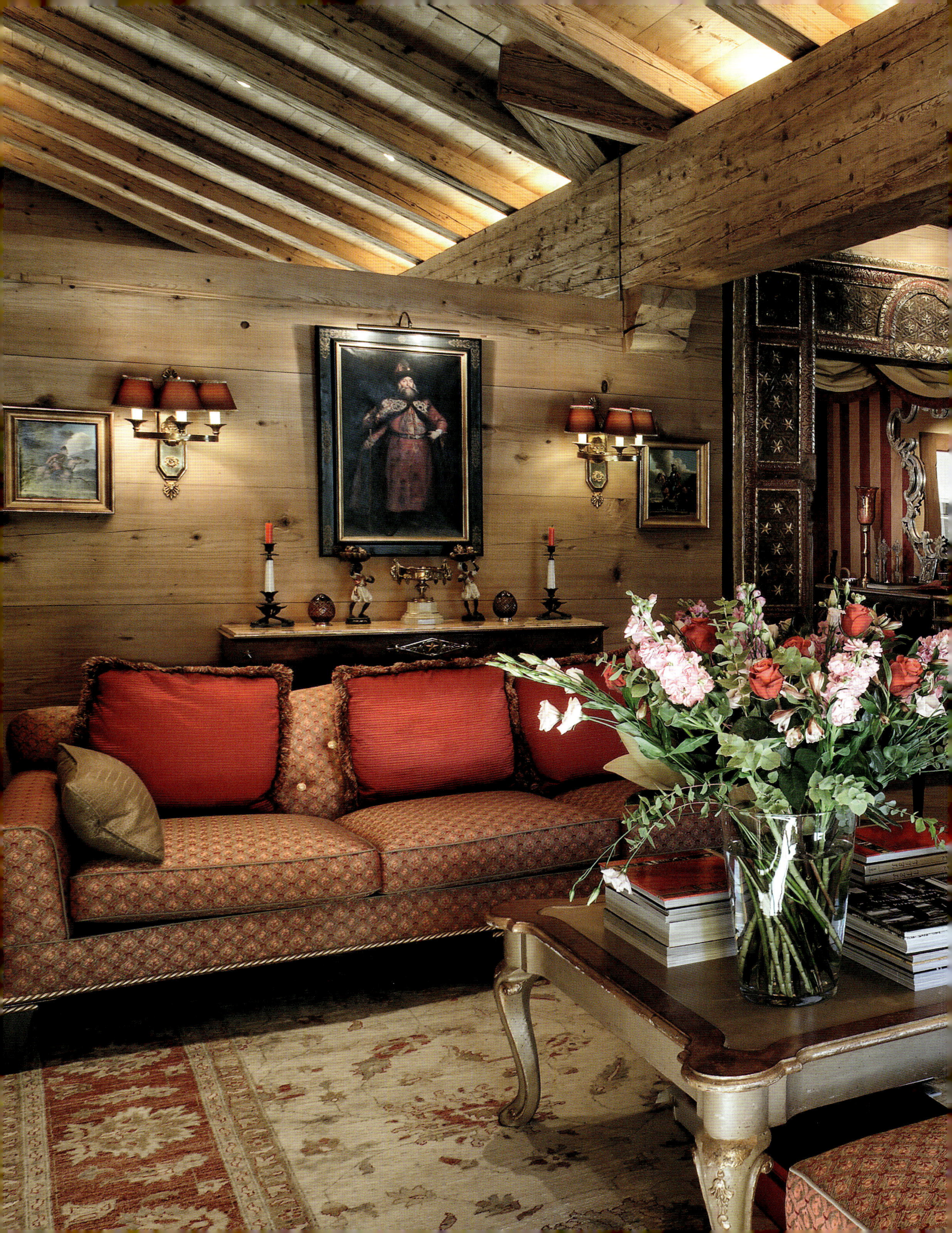

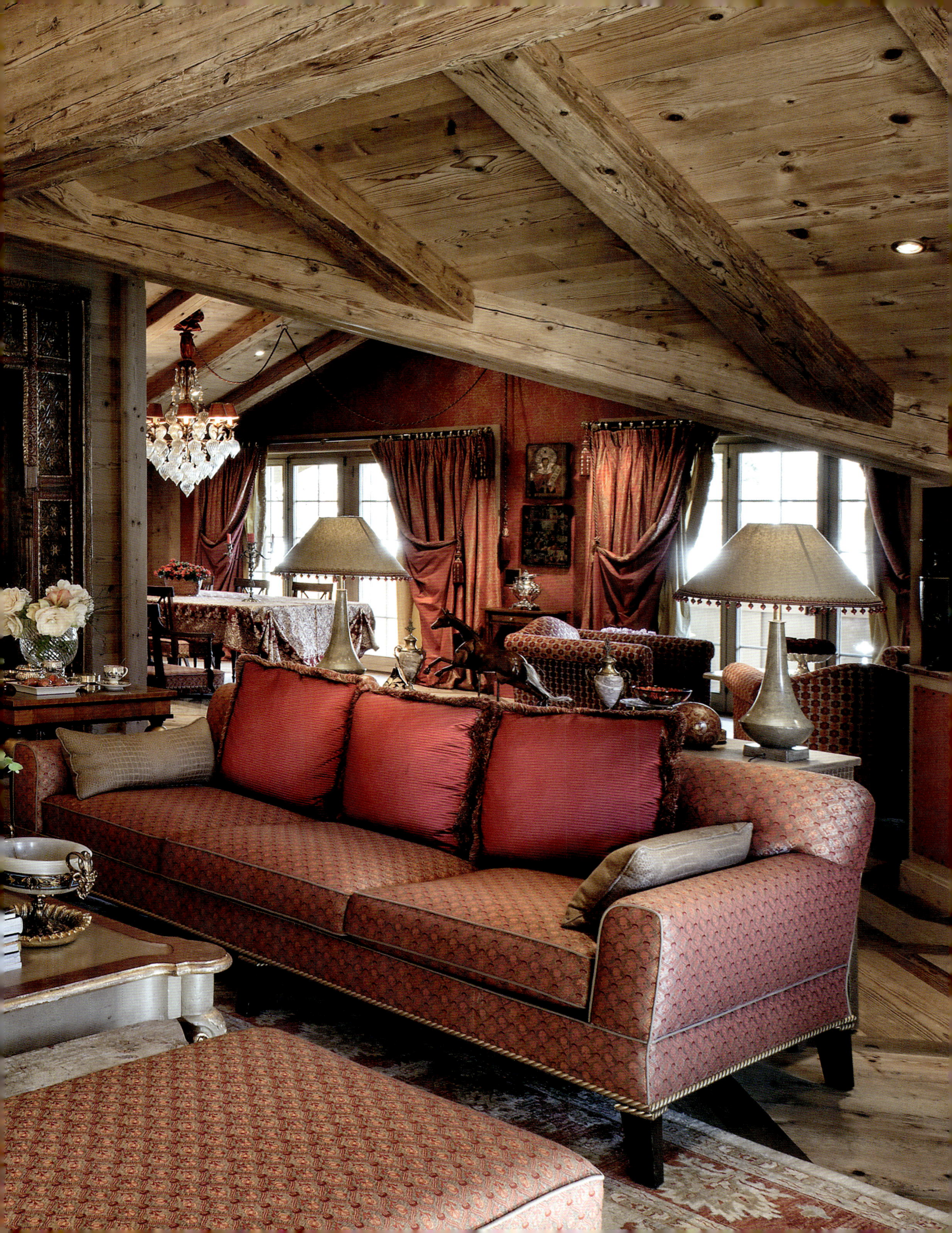

Vorherige Seite: Das Penthouse liegt unter dem Dach einer großen Apartmentanlage. Zwei mit Brokat bezogene Kanapees und ein gepolsterter Hocker bilden eine elegante Sitzgruppe.
Oben: In einem der Schlafzimmer werden Blumenmuster und Streifen miteinander kombiniert.
Rechte Seite: Vom Balkon aus kann man direkt auf das Zentrum von Gstaad und die Kirche St. Josef blicken.

Im Flur und in den Schlafzimmern gibt es noch so manches Bild an den Wänden zu bewundern. Darauf werden Zar Nikolaus II. wieder lebendig, Fjodor Dostojewski, Leo Tolstoi oder Katharina die Große. Die privaten Gemächer sind mit der gleichen Aufmerksamkeit ausgestattet wie die Gesellschaftsräume. Jedes Zimmer nimmt das Thema des Stoffes auf, der für es ausgewählt wurde. In einem prangen feminine Blumenranken auf türkisem Grund, die mit farblich passenden Streifen kombiniert werden. Ein anderes hat holzvertäfelte Wände, auf die Ornamente gemalt wurden, wie sie auch auf einem Stoff zu sehen sind. Der Rückzugsort von Madame ist ganz in Pink und Rot gehalten, mit einem vergoldeten Bett und kapitonierter Bank davor. Das i-Tüpfelchen im Bad ist eine Armatur mit Drehknöpfen in Form von Fabergé-Eiern. Als Ablage dient eine vergoldete Konsole mit grünem Malachit.

»Es gibt zwei Länder, in denen die Weiblichkeit verehrt und vor allem respektiert wird: Frankreich und Russland. Hier darf eine Frau intelligent sein und ihr Wissen nutzen. Das hat die Geschichte mehrfach gezeigt«, schließt die Hausherrin ihren Rundgang ab. In jungen Jahren studierte sie Kunstgeschichte in Paris und schrieb Bücher sowie die Texte einiger sehr bekannter Chansons. Dafür bekam sie vom französischen Kulturministerium sogar den »Ordre des Arts et des Lettres« verliehen.

Die meiste Zeit bewohnt France Majoie-Le Lous – ihr Vater gründete Mitte des letzten Jahrhunderts das französische Pharmaunternehmen Fournier, dessen Stiftung sich bis heute in der Krebsforschung engagiert – ein Schlösschen am Ufer des Genfer Sees. Wünscht sie Abwechslung, lässt sie sich von ihrem Chauffeur in die Berge bringen. »Gstaad ist ein wunderbarer Ort. Er hat eine warme, freundliche Atmosphäre. In der wenigen Zeit, die ich hier verbringe, treffe ich so viele Menschen, die ich sonst in einem Jahr nicht sehen könnte. Kunstsammler, Schauspieler, Ärzte, Anwälte, Juweliere«, erzählt sie beim Mittagessen im Yacht Club von Gstaad, der seine Türen nur für Mitglieder öffnet. Von den Nachbartischen wird gegrüßt, man kennt sich. Zwar gibt es hier weder See noch Boote, aber ein schönes Clubhaus mit einem guten Restaurant und ein einzigartiges Netzwerk – mit über 400 Namen aus mehr als 20 Ländern.

Kommt die über ganz Europa verstreute Familie zu Besuch – Kinder und Enkelkinder – sind schnell mehr als fünfzehn Personen zusammen. Darum besitzt France Majoie-Le Lous in den unteren Etagen des Hauses noch drei geschmackvoll ausgestattete Gästeapartments. So kann jeder ganz unabhängig unternehmen, was er möchte, und doch bei den anderen sein. Auch wenn in Gstaad nun alles fertig eingerichtet ist, der Wahlschweizerin wird es bestimmt nicht langweilig. Sie ist die französische Botschafterin in San Marino und allein schon aus diesem Grund viel auf Reisen. Ihrer Liebe zur Schweiz tut das keinen Abbruch: »Dieses Land bietet mir alles, was ich brauche. Ich wüsste keinen besseren Ort, an dem ich leben wollte.«

Gstaad

SCHMUCKSTÜCK

Ihre Vorfahren erfanden einen berühmten Diamantschliff, sie selbst erbte ein Vermögen. Die Französin Carol Asscher lebt im Winter auf vier luxuriös ausgebauten Etagen und zelebriert ihren von der verschneiten Bergwelt inspirierten Wohnstil.

Da ich viel auf Reisen bin, weiß ich die Qualität meines Zuhauses doppelt zu schätzen. Gleichzeitig habe ich eine Menge über meine eigenen Wohnbedürfnisse gelernt. Besonders weil ich gerne ganz unterschiedliche Hotels in verschiedenen Kulturräumen besuche«, sagt Carol Asscher, wenn man sie darauf anspricht, wo sie die Inspiration für die Inneneinrichtung ihres Chalets fand. Diese Erfahrungen und die Liebe zu moderner Kunst prägen Konzept, Stil und Gestaltung ihres Refugiums in Gstaad. Die Französin genießt es im Winter ganz privat mit ihrem Sohn oder mitunter auch in gar nicht so kleiner Runde von Freunden. Denn großzügige Einladungen haben im Leben der Investorin einen substanziellen Platz. »Gastlichkeit liegt mir im Blut. Ich gebe das zurück, was mir auf meinen Reisen oft im Übermaß entgegengebracht wird«, schwärmt sie.

Carol Asscher wurde in Paris geboren und lebte überwiegend in Frankreich, bevor sie für die Ausbildung ihres Sohnes in die Schweiz zog. Sie hatte Nicolas an der renommierten Privatschule Le Rosey am Genfer See angemeldet. Da das gesamte Internat in den Wintermonaten nach Gstaad umsiedelt, suchte sie neben einem Haus in Genf auch eine Unterkunft in den Bergen. Und tatsächlich, die Französin fand zum richtigen Zeitpunkt genau das, was ihr vorschwebte: Ein Objekt in bester Nachbarschaft gelegen und geräumig genug für Privatleben sowie gesellschaftliche Anlässe.

Das Haus war noch im Bau. Darum konnte Carol Asscher die Wohnfläche exakt auf ihre Bedürfnisse zuschneiden. Sie tat dies mit der Routine einer Frau, die ihren eigenen Stil konsequent lebt. »Bei der Gestaltung der Räume ließ ich mich von zwei Aspekten leiten: zum einen von der Weitläufigkeit der Schweizer Alpen, zum anderen von deren Farb- und Stimmungswelt«, erzählt sie. Schnee und Eis werden in gekonnt platzierten Kunstwerken lebendig, die Farbe Weiß und der Werkstoff Glas finden sich in ganz unterschiedlichen Anwendungen im gesamten Domizil wieder – im Kontrast mit der natürlichen Wärme von Holz und Holztönen.

Der Salon im Erdgeschoss sollte wie eine große Lobby funktionieren, mit vielen komfortablen Sitzmöglichkeiten, die den Aufenthalt so angenehm wie möglich machen. Ein offener Kamin sowie Wände und Decken verkleidet mit von Hand behauenem Altholz sorgen für Chalet-Atmosphäre. Die Küche befindet sich zwar im gleichen Raum, sie wurde aber mit einer hohen Theke eingefasst. Auch der Esstisch, der im Wohnraum steht, sollte so viele Plätze wie möglich bieten. Darum verläuft auf einer Seite eine lange Bank der Wand entlang. Gegenüber und an den kurzen Enden wurden runde Hocker platziert. »Sie brauchen weniger Platz als Stühle und sind viel kommunikativer. Man kann von allen Sei-

DER SALON IM ERDGESCHOSS SOLLTE WIE EINE GROSSE LOBBY FUNKTIONIEREN, MIT VIELEN KOMFORTABLEN SITZMÖGLICHKEITEN.

Vorherige Doppelseite: Blick in den offenen Wohn-Ess-Bereich. Auf dem Tisch steht ein Schachspiel von Hermès, welches Carol Asschers Sohn Nicolas geschenkt bekam.
Linke Seite: Die silbernen Schriftzüge an der Wand sind aus Glas und stammen von Rob Wynn.
Oben: Hinter der Holztheke, die auch als Bar dient, liegt die Küche.
Rechts: Den Fellhocker fand die Hausherrin in einem Geschäft in Gstaad.

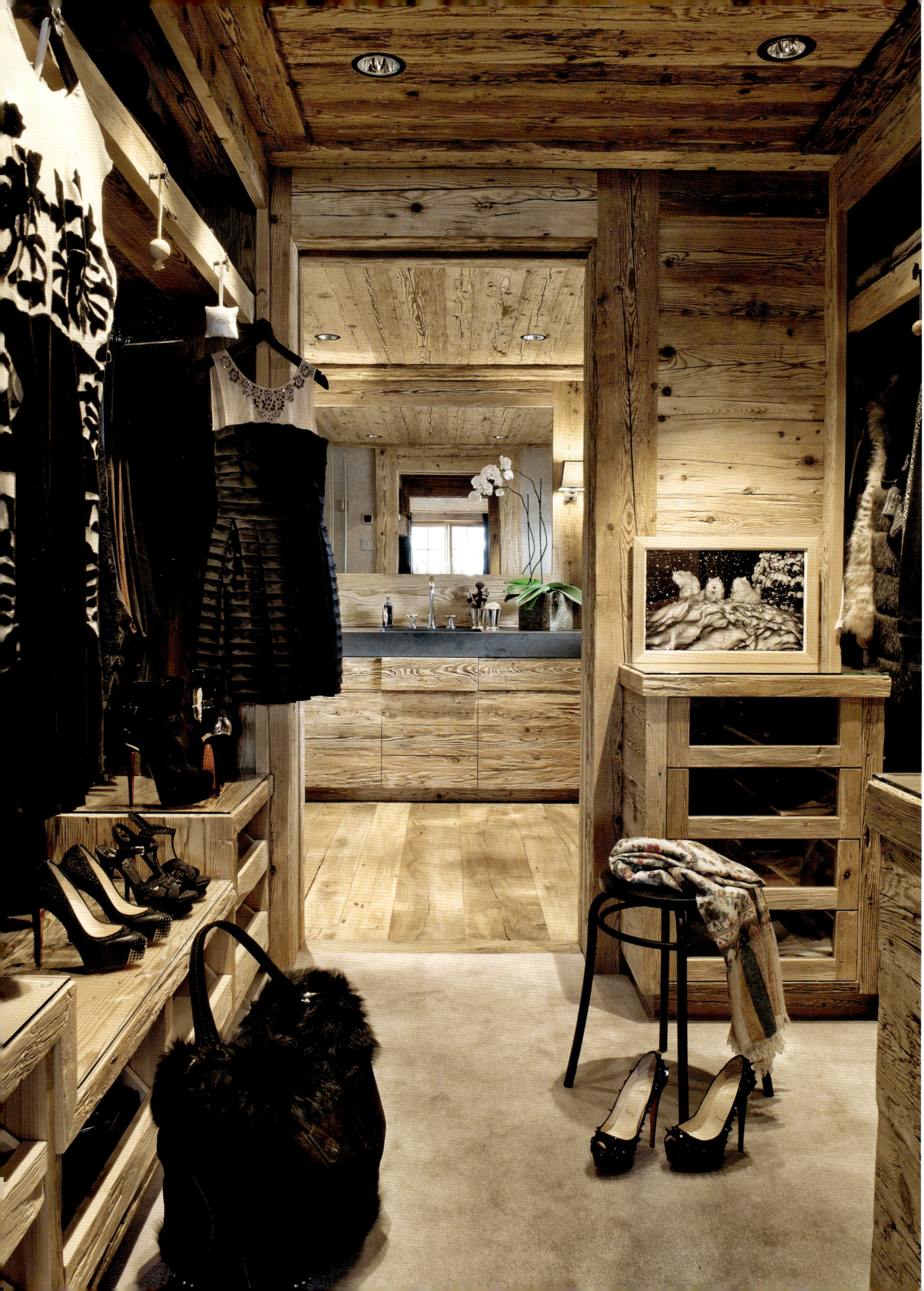

DIE HAUSHERRIN WÜNSCHTE SICH NEBEN EINEM LUXURIÖSEN BAD AUCH EINE GERÄUMIGE ANKLEIDE. HIER HÄNGT NICHT NUR IHRE AUSGESUCHTE WINTERGARDEROBE, IN DEN REGALEN STEHEN AUCH IHRE GELIEBTEN SCHUHE.

Linke Seite: In der Ankleide hängen nur edle Designerstücke. Die meisten High Heels stammen von Christian Louboutin.
Oben: Schwarzes Wolltuch veredelt das Schlafzimmer von Carol Asscher. Eine Pelzdecke lädt zum Kuscheln ein, die Bettwäsche trägt Stickerei.
Rechts: Auch im Bad setzt die Hausherrin auf die Kombination von Schwarz zu gealtertem Holz.

ten auf ihnen sitzen«, erklärt die Hausherrin. Den prunkvollen Lüster, der unter einer großen Glasglocke hängt, entdeckte sie in Paris bei einem Händler in der Rue de Bourgogne. An die Seine reise sie auch, um die vielen Accessoires einzukaufen, mit denen sie die von ihr selbst entworfenen Interieurs anreicherte. Hier orderte sie neben vielem anderen eine ganze Kollektion von Felldecken und -kissen, die nicht nur im Salon, sondern auch in allen sieben Schlafzimmern zum Einsatz kommen.

Das private Reich von Mutter und Sohn befindet sich in der vierten Etage, die über dem Wohnraum liegt. Die Hausherrin wünschte sich neben einem luxuriösen Bad auch eine geräumige Ankleide. Hier hängt nicht nur ihre ausgesuchte Wintergarderobe, in den Regalen stehen auch ihre geliebten Schuhe. Angst, sie sich im Schnee zu ruinieren, muss sie keine haben. In Gstaad kann man trockenen Fußes mit dem Auto von Tiefgarage zu Tiefgarage fahren. Bevor man die im Hause Asscher betritt, gibt es im zweiten Untergeschoss aber noch eine kleine Attraktion. Ein Wellnessbereich mit Hamam und Sauna, zu dem auch ein bunt beleuchteter Pool gehört.

Mit der Kunst gab Carol Asscher ihrem Reich auf vier Etagen den letzten Schliff. Nach dem Motto »Alles sollte wenn möglich mit Schnee oder Eis zu tun haben« zogen Werke wie die Fotografie *Ice Legs* von David LaChapelle oder das gläserne Hirschgeweih des Japaners Kohei Nawa ein. Im Wohnzimmer stehen auf einer Konsole in Marmor gehauene Chanel-Stiefel – ein Statement der in Genf lebenden Künstlerin Sylvie Fleury. Von der Wand verheißen Rob Wynns silberne Schriftzüge »The Edge of Heaven« und »Love is Eternal«. Wünsche, die nicht einmal ein Herz aus Eis kaltlassen.

IM ZWEITEN UNTERGESCHOSS GIBT ES
NOCH EINE KLEINE ATTRAKTION.
ZUM WELLNESSBEREICH MIT HAMAM
UND SAUNA GEHÖRT EIN POOL,
DER VON LEDS BELEUCHTET WIRD.

Linke Seite: Eines der Gästeschlafzimmer ist mit cremeweißem Wollkaro ausgeschlagen. Die Fuchsdecke wurde passend dazu ausgesucht.
Oben: Der Pool im zweiten Untergeschoss verfügt über eine Gegenstromanlage, sich farblich veränderndes Licht und ein Wasserspiel an der Steinwand.
Rechts: Im Treppenaufgang hängt ein schwarzer Glaslüster.

GSTAAD

WEICHE SCHALE, HARTER KERN

Für ein Ehepaar aus Genf entwarf der Pariser Innenarchitekt Thierry Lemaire ein Chalet, das urbane Ästhetik in die Berge holt. Marmor, Metall und Glas unterstreichen seinen luxuriösen Minimalismus.

Auf der Terrasse wirft die Skulptur von Not Vital einen langen Schatten über den unberührten Schnee. Zu dieser Jahreszeit könnte man sie fast übersehen. Die steil in die Höhe ragende Zunge einer Kuh ist aus weißem Marmor gehauen. Drinnen strömt das helle Tageslicht durch die Räume. Auf dem glänzenden Steinboden bilden sich scharfkantige Muster. Die Samtbezüge der Sitzgruppe schimmern. Am späten Nachmittag geht die Sonne hinter den Bergen unter. Vor dem Fenster springen plötzlich zwei Rehe durch eine Gruppe verschneiter Tannen. Ihre Spuren heben sich kaum noch vom Untergrund ab – die Tage in dieser winterlichen Bergwelt vergehen wie im Flug.

Mag auf der Promenade von Gstaad in der Hauptsaison ein buntes Volk seine Bahnen ziehen, an den Rändern des Ortes, der sich vom Zentrum aus vor allem Richtung Westen und Osten die Hänge hinaufzieht, herrscht Frieden. Hier nahm die Dichte der Bebauung in den letzten Jahrzehnten zwar kontinuierlich zu, doch zwischen den Häusern haben sich Wiesen, Gehölze und Buschwerk erhalten, die Wildtieren Unterschlupf bieten. Dass die Fenster der Chalets eine gewisse Größe nicht überschreiten dürfen, kommt auch ihnen zugute. Spiegelnde Glasscheiben würden besonders die Vögel irritieren.

Laut dem strengen Baugesetz wird in Gstaad nur der Bau von Holzchalets im saanenländischen Stil erlaubt. Grundmasse, Fenstergrößen, Dachform und -schräge sind vorgegeben. Als Faustregel gilt: ein Drittel Mauerwerk im Erdgeschoss, zwei Drittel Holz in den Obergeschossen. Für alles, was unter der Erde liegt, ist die Toleranzschwelle niedriger. Oftmals verfügen die neuen Luxus-Chalets über bis zu drei Kellergeschosse, für Tiefgarage, Schwimmhalle, Weinkeller, Fitnessraum und Heimkino. Weil die hiesigen Zimmerleute Meister ihres Fachs sind, verstehen sie es, die modern ausgestatteten Gebäude geschickt hinter detailgetreu ausgeführten und kunstvoll geschnitzten Fassaden zu verstecken.

Thierry Lemaire wurde nicht zum ersten Mal nach Gstaad gerufen. Er hatte bereits mehrere Objekte in der Region eingerichtet. Dieses Mal handelte es sich jedoch um ein aufwendiges Neubauprojekt. Die Parzelle in Bestlage war mit einem in die Jahre gekommenen Haus bebaut, das abgerissen und durch ein modernes Chalet ersetzt werden sollte. Die Auftraggeber kannte er gut. Seit fast 20 Jahren ist der Franzose für das in Genf lebende Ehepaar tätig. Er richtete unter anderem ihr Wohnhaus am Genfer See und ein Apartment in Paris ein. Sein Sparringspartner sollte aber vorerst ein anderer sein. Wie im Saanenland üblich wurde der Auftrag für den Bau des Chalets an einen einheimischen Architekten vergeben. Hanspeter Reichenbach war für alle

**DASS SICH DIE BESITZER DAFÜR ENT-
SCHIEDEN, DAS INNERE DES HOLZCHALETS
WEITGEHEND VOM TRADITIONELLEN
ÄUSSEREN ABZUKOPPELN, KANN MAN ALS
AUSNAHME BEZEICHNEN.**

Vorherige Doppelseite: Im lichtdurchfluteten Salon stehen sich zwei unterschiedliche Sofas gegenüber. Über dem schwarz gerahmten Kamin hängt eine Bildserie von Teresita Fernández.
Linke Seite: Das Kanapee mit segmentierter Sitzfläche und ebensolcher Rückenlehne entwarf Thierry Lemaire.
Oben: An der Wand hinter dem Esstisch von Eric Schmitt hängt eine Chrominstallation von John M. Armleder.
Rechts: Der Fumoir wurde mit Vintage-Möbeln von Pierre Jeanneret und Jean Royère ausgestattet.

baulichen Belange zuständig. Thierry Lemaire gab seinen Input, als es um die Gestaltung der Innenräume ging. Er entwarf die Grundrisse, konzipierte die Beleuchtung, wählte Farben, Materialien und Möbel aus.

Dass sich die Besitzer dafür entschieden, das Innere des Holzchalets weitgehend vom traditionellen Äußeren abzukoppeln, kann man als Ausnahme bezeichnen. Normalerweise tragen auch neu erbaute Häuser die Züge der hiesigen Bautradition. Der Wille zu einem so klaren Statement ist auf ihren internationalen Hintergrund und eine Leidenschaft für zeitgenössische Kunst zurückzuführen. »Meine Auftraggeber haben einen geschulten Blick und wissen genau, was sie wollen. Das Haus sollte elegant, zeitlos und modern sein, eine Bühne für die Menschen, die sich hier aufhalten, und die Objekte, die sie gesammelt haben«, erklärt Thierry Lemaire.

Der Treppenaufgang und ein Fahrstuhl verbinden das Untergeschoss, wo man das Chalet über die Tiefgarage betritt, mit dem Erdgeschoss, in dem die repräsentativen Räume liegen, und den beiden oberen Stockwerken, die für die Schlafzimmer reserviert sind. Schon hier macht man Bekanntschaft mit den klaren Linien und ausdrucksstarken Materialien, die im ganzen Haus präsent sind: Weißputz, graue Steinplatten, geschwärztes Metall. Der rohe Stahl begegnet Besuchern beim Betreten des Salons ein weiteres Mal. Senkrechte, verschieden breite und mit unterschiedlichem Abstand gesetzte Streben bilden einen Raumtrenner, der abschirmt und gleichzeitig diskrete Einblicke zulässt. Das große Sofa aus dem Atelier von Thierry Lemaire, das direkt dahinter steht, nimmt mit seiner in Sektionen aufgeteilten Sitz- und Rückenfläche die grafische Formensprache erneut auf. Ihm gegenüber steht ein organisch geschwungenes, italienisches Kanapee aus den 1960er-Jahren. Den Sofatisch in der Mitte, auch ein Eigenentwurf, kann man als gelungene Verschmelzung der beiden gegensätzlichen Designstile verstehen. Er hat eine gerundete Platte, steht aber auf rechteckigen Stahlscheiben. Die originellen Beistelltische aus Messing mit versteinertem Holz stammen von Philippe Hiquily und wurden auf einer Auktion erworben. Dagegen nimmt sich der offene Kamin, über dem eine Bildserie von Teresita Fernández hängt, äußerst zurückhaltend aus – eine schwarz gerahmte Öffnung in der Wand. An ihrer Rückseite mündet sie ins Esszimmer. Am langen Tisch von Eric Schmitt haben hier bis zu zwölf Personen Platz.

Linke Seite: Eingeschneit – auf der Terrasse vor dem Esszimmer steht eine weiße Marmorstatue von Not Vital.
Rechts: Im Flur wurde als Kontrast zur durchbrochenen Stahlwand eine Keramikinstallation von George Jouve montiert.
Unten: An der Wand setzt ein Werk von Anselm Reyle Farbakzente. Direkt hinter dem Wohnzimmer liegt das Treppenhaus mit einem Kern aus geschwärztem Metall. Die grauen Steinstufen ziehen sich vom Keller bis in den zweiten Stock.

Oben: Das Schlafzimmer der Hausherrin wurde mit weichem Teppichboden ausgelegt. Die bunte Bilderfolge an der Wand stammt vom amerikanischen Künstler Robert Mangold.
Rechte Seite: Der zweite Stock des Hauses wurde für den Sohn eingerichtet. Zu den grau gestrichenen Dachbalken kombiniert der Innenarchitekt Thierry Lemaire Einbauten aus schwarzem Lack und Spiegelflächen.

Glanzpunkte setzt eine Wandskulptur aus Chrom vom Schweizer Künstler John M. Armleder. Auf der gegenüberliegenden Seite des Salons befindet sich noch ein weiterer, von einer Schiebetür abgetrennter Raum. Der Fumoir ist mit ausgesuchten Vintage-Stücken möbliert: eine Sitzgruppe mit Sofatisch, die Pierre Jeanneret in den 1950er-Jahren für das indische Chandigarh entwarf, Stühle von Jean Royère und schwarz-rote Keramiken der Gebrüder Cloutier.

Auf dem Boden liegt ein Wollteppich, der für dieses Zimmer in Frankreich von Hand gewebt wurde. Auch die Vorhangstoffe haben alle eines gemeinsam: Struktur. Thierry Lemaire bat seine Schwester Sophie Prezioso – sie arbeitet ebenfalls als Interiordesignerin –, seiner Auftraggeberin bei der Auswahl zu helfen. So reisten die beiden Frauen nach Paris und besuchten die Showrooms der Stoff-Editeure in Saint-Germain. Ihre Auswahl trafen sie bei Jim Thompson, Dedar und Hermès. Ein paar Schritte weiter liegt der Quai Voltaire, an dem sich ein Antiquitätengeschäft ans andere reiht. Auch hier wurde man fündig und brachte noch das eine oder andere Möbelstück mit in die Schweiz zurück. Darunter auch zwei mit Plüsch bezogene Sessel von Jean Royère. Sie stehen heute im Schlafzimmer der Hausherrin im ersten Stock. Hier wechselt die Stimmung. Auf dem Boden liegt ein flauschiger beiger Teppich, die Türen und einige der Einbauten sind aus Fichtenholz gefertigt – jedoch immer in Kombination zu glatten, lackierten Oberflächen. Wie auch in den Geschossen darunter ließ der Innenarchitekt die weißen Decken eines jeden Raums mit indirekter Beleuchtung einrahmen und unterstreicht damit einmal mehr sein Talent, Interieurs zeitlose Eleganz und Atmosphäre zu verleihen.

Das hat sich herumgesprochen. Seit zwei Jahren entwirft der Franzose Sofas, Sessel, Tische und Lampen für die Home Collection von Fendi. Daneben designt er Einzelmöbel, mit denen die Flagship Stores des römischen Modelabels ausgestattet werden. Auch in Amerika ist sein Stil gefragt. Für die Marke Holly Hunt hat er bereits eine Kollektion gezeichnet. Eine zweite ist in Vorbereitung. Thierry Lemaire wuchs in der Bretagne auf und studierte Architektur in Paris. Bald nach seinem Abschluss verlegte er sich auf die Gestaltung von Innenräumen und entwarf eigene Möbel. Viele seiner Arbeiten wurden von den führenden Einrichtungszeitschriften publiziert. Die französische *AD* betitelte seinen Stil als »nostalgischen Glamour«. Ihr amerikanisches Schwesterblatt spricht von einer »skulpturalen Ästhetik«.

Tatsächlich liebt es der Gestalter, mit Asymmetrien und Proportionen zu spielen. Das sticht vor allem im Pool-Bereich im Keller ins Auge. Hier treffen die horizontalen Linien der quer verlegten Wandplatten auf eine vertikal gegliederte Spiegelwand. Neben dem Grau des Steins ist das Grün der Glasmosaiken im Pool die zweite dominierende Farbe. Sie wird durch das Relief des französischen Bildhauers Daniel Buren unterstrichen. Die roten Sessel darunter stammen von Paola Lenti. Wer glaubt, der grau-gelbe Kasten an der gegenüberliegenden Wand sei ein Heizlüfter, kennt die Eigentümer schlecht. Das seltsame Gerät ist ein Werk der südkoreanischen Installationskünstlerin Haegue Yang.

Oben: Der verglaste Weinkeller ist voll klimatisiert und raffiniert ausgeleuchtet. Die lange Theke dient für Degustationen. Alleine genießt man in einem Vintage-Sessel von Joe Colombo.
Rechts: Im Schwimmbad steht ein Billardtisch. An der grauen Steinwand neben der elektrischen Glastür hängen Werke der Künstlerin Haegue Yang.
Rechte Seite: Der Pool ist mit grünem Mosaik ausgekleidet. Die Spiegelwand wurde in vertikale Streifen unterteilt.

TATSÄCHLICH LIEBT ES DER GESTALTER, MIT ASYMMETRIEN UND PROPORTIONEN ZU SPIELEN. DAS STICHT VOR ALLEM IM POOL-BEREICH IM KELLER INS AUGE.

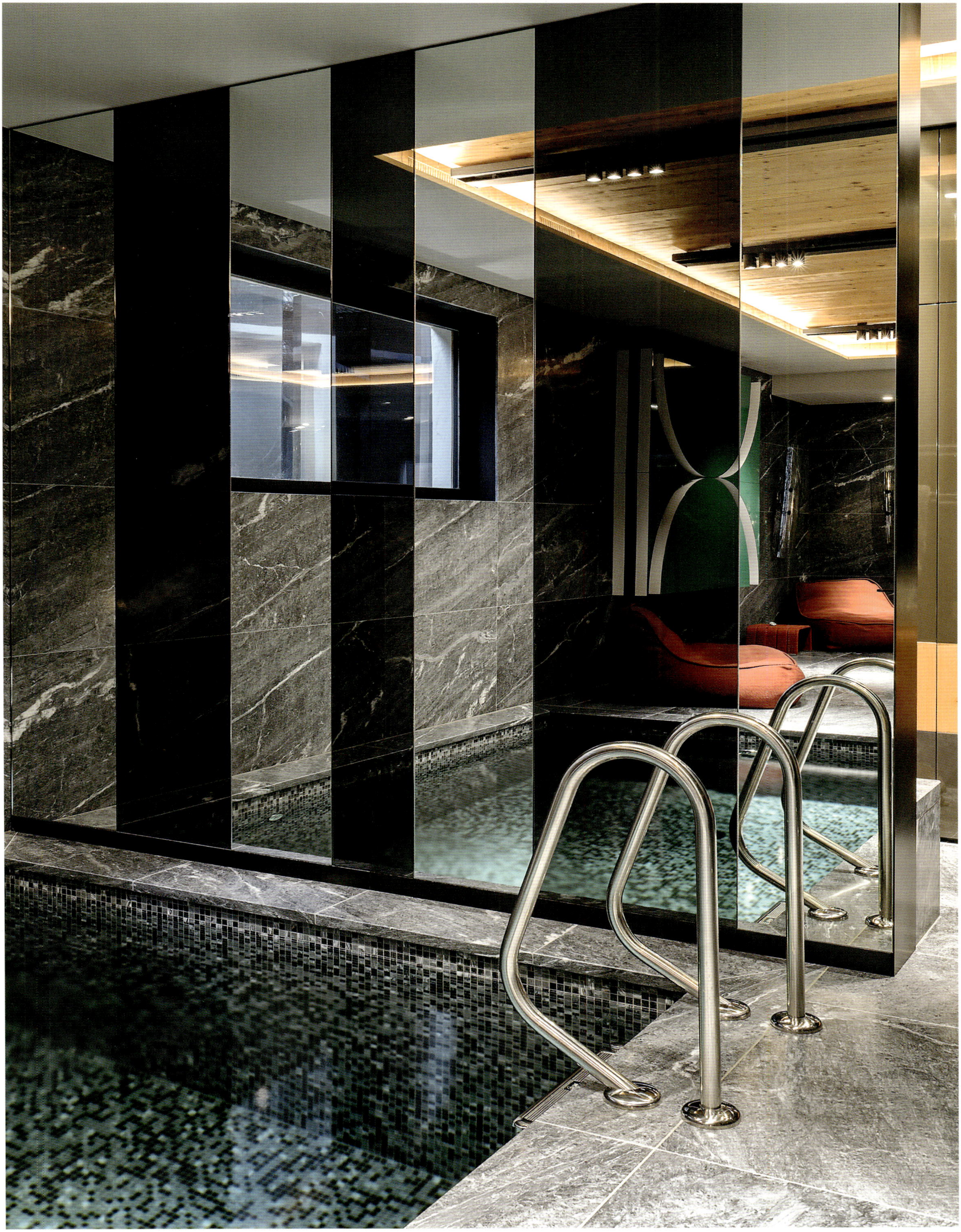

ROUGEMONT

EINE DAME VON WELT

Als Fotomodell und Jetset-Lady bereiste sie die ganze Welt. Heute sind die Berge ihr Rückzugsort und Kraftquell. Fiona Thyssen-Bornemisza hat sich in einem Apartmenthaus ein elegantes Refugium mit jeglichem Komfort eingerichtet.

»Wer sich weiterentwickeln will, muss Veränderung zulassen«, sagt Fiona Thyssen-Bornemisza und lehnt sich in ihrem beigen Sofa im Wohnzimmer zurück. Ihr Apartment in einem Nebengebäude des Hotel de Rougemont hat sie erst im vergangenen Winter möbliert und bezogen. Zwei Jahrzehnte wohnte sie in einem Chalet in der Nähe, doch das wurde ihr zu beschwerlich. »Meine Knie sind ruiniert. Möglicherweise vom Skifahren und vom Tanzen«, sagt sie mit Distinktion und einem feinen Lächeln auf den Lippen, wie dies nur wohlerzogenen Mädchen aus gutem britischen Haus können. Im benachbarten Boutique-Hotel genießt sie nun alle Annehmlichkeiten, die auch den Gästen offeriert werden. Ein diskreter Zugang und ein Aufzug, der direkt in ihre Wohnung führt, garantieren die Privatsphäre. Getreu ihrem Motto, niemals in alten Zeiten zu verharren, trennte sie sich bei ihrem Umzug von vielen Möbeln. Nur ein paar zeitlose Stücke hat sie behalten und ihre

»kleinen Schätze«, wie sie Souvenirs, Bilder und Bücher nennt. Sie haben in einem großen Regal im Wohnzimmer ihren Platz gefunden.

Auch als Dame von über achtzig Jahren hat die in Neuseeland geborene Schottin mit Schweizer Pass noch viele Pläne. Ein Atelier zum Malen und Zeichnen möchte sie im nächsten Winter unbedingt anmieten. Der Kopf sei voll von Ideen. Doch bis dahin sind es noch ein paar Monate. Jetzt heißt es erst mal Koffer packen. In wenigen Tagen veranstaltet ihre Tochter Francesca von Habsburg in Sevilla einen Debütantinnenball für die Enkelinnen. Danach plant Fiona Thyssen-Bornemisza noch einen Aufenthalt in ihrem geliebten Haus auf Mykonos. Doch spätestens Ende Juli wird es auf der griechischen Insel zu heiß sein. Dann zieht es sie wieder in kühlere Gefilde. In ihre Wohnung in Wien, auf den Familiensitz in Schottland oder eben in ihr Schweizer Domizil in Rougemont. Die 900-Seelen-Gemeinde liegt nur acht Kilometer westlich von Gstaad im französischsprachigen Kanton Waadt.

Das Leben in den Alpen empfindet die Tochter eines Marineadmirals nicht nur als angenehm, die Berge sind für sie auch ein Rückzugsort. Als ihre einzige Ehe mit dem deutschstämmigen Industriellen Heinrich Thyssen-Bornemisza 1965 zerbrach, ging sie mit ihren beiden Kindern von Lugano nach St. Moritz. »Ich gab meinem Mann ein kostbares Collier zurück, das er mir geschenkt hatte. Dafür bekam ich ein Haus am Suvretta-Hang«, erzählt sie. Die Niarchos wurden ihre Nachbarn, mit Willy Bogner ging sie zum Skifahren. »Es war eine wunderbare Zeit. Wir liebten die Natur, ritten, wanderten und veranstalteten Barbecues am Lagerfeuer.« Erst als ihre Kinder auf das Internat Le Rosey am Genfer See geschickt wurden (in den Wintermonaten siedelt die gesamte Schule nach Gstaad um), zog auch die Mutter in die Westschweiz. In der Gemeinde Morges richtete sie sich ein Landhaus ein, »mit Hunden, Katzen und allem, was dazugehört«.

Schon vor ihrer Heirat war Fiona Campbell-Walter, so ihr Mädchenname, ein bekanntes Fotomodell. Sie arbeitete für die großen Couture-Häuser und Modemagazine in Paris und London. Die besten Fotografen schrieben mit ihrem Gesicht Geschichte: Richard Avedon, Guy Bourdin, Henry Clarke. Cecil Beaton bezeichnete sie sogar als sein Lieblingsmodell. Die legendäre Agenturchefin Eileen Ford bat sie, nach Amerika zu kommen. »Dafür hätte ich aber ein paar Kilo abnehmen müssen. Da habe ich dankend abgelehnt«, erzählt Fiona Thyssen-Bornemisza und lacht. Auch auf dem gesellschaftlichen Parkett war sie bald zu einer der meistfotografierten Frauen ihrer Generation geworden. Bilder der Familie füllten die Klatschspalten der Regenbogenpresse. Ins Gespräch brachte sie auch ihre langjährige Beziehung zu Alexander Onassis. Weil viel Falsches über sie in den Zeitungen gestanden habe, schenkte sie den Berichten irgendwann keine Beachtung mehr. Heute sieht man nur noch selten Bilder von ihr. Wenn, dann meist im Zusammenhang mit ihrer Tochter, der Kunstsammlerin und Mäzenin Francesca von Habsburg.

In ihrem facettenreichen Leben richtete sie für sich und ihre Familie so manches Haus ein. Immer bereitete ihr die Arbeit an den Grundrissen und der Möblierung große Freude. »In jungen Jahren habe ich eine Kunstschule besucht und gelernt, perspektivisch zu zeichnen. Es fällt mir leicht, Räume zu erfassen. So konnte ich meine Vorstellungen von jeher mit dem Zeichenstift auf Papier bringen«, erklärt sie. Als sie hörte, dass neben dem neuen Hotel auch ein Komplex mit Apartments realisiert werden sollte, holte sie sofort Informationen ein. Schnell war jedoch klar, dass das Raumprogramm nicht ihren Vorstellungen entsprechen würde. Es sah eine Abfolge von mehreren Schlafzimmern sowie ein relativ kleines Wohnzimmer vor. Fiona Thyssen-Bornemisza dagegen wollte ein großzügig geschnittenes Apartment mit offenem Wohn- und Essbereich, dazu ein Schlafzimmer und ein Gästezimmer. Also ließ sie die Pläne vom Architekten Christian Sieber noch einmal nach ihren Wünschen überarbeiten.

Vorherige Seite: Fiona Thyssen-Bornemisza blickt von ihrem Balkon aus auf das 1569 erbaute Château de Rougemont und die Dorfkirche im romanischen Stil.
Linke Seite: Das Holzrelief stammt von David Rossier aus Flendruz, der die Ornamente dem Einband einer alten Bibel entlehnte.
Rechts: An der Wand hängt ein abstraktes Ölbild von Jean Lefebure. Darunter steht ein antiker kunstvoll geschnitzter Stuhl.

Die wohl markanteste Maßnahme war der Bau einer multifunktionalen Insel im Salon. Für sie sind von allen Seiten andere Nutzungen vorgesehen. Zur Fensterfront im Wohnzimmer gibt es einen offenen Kamin. Auf der gegenüberliegenden Seite bietet die Einheit Platz für ein kleines Büro. Seitlich wurden Schränke, Regale und Schubladen untergebracht. Alle Einbauten und Wandverkleidungen sind aus hellem Tannenholz. Die Decke ist weiß verputzt. Hätte man sie mit Holz abgehängt, wäre zu viel an Raumhöhe verloren gegangen. Eine ganze Wand des Wohnzimmers wird von einem Regal eingenommen. Hier stehen Bücher, Fotografien, kostbare Sammlerobjekte, dazwischen aber auch Souvenirs von ideellem Wert. Durch eine Glaslinse kann man zwei mit bunten Edelsteinen besetzte Tischuhren betrachten. Ursprünglich wollte sich ihre Besitzerin auch von ihnen trennen und gab sie in eine Auktion nach Wien. Doch dann überlegte sie es sich anders. Nun stehen sie in ihrem neuen Zuhause und erinnern an vergangene Zeiten.

Auch ein altes, mit einem Blumenstoff bezogenes englisches Kanapee nahm die Baronin aus ihrem ehemaligen Haus mit hierher. Es steht an der Wand unter einem bunten Landschaftsaquarell von Karl Schmidt-Rottluff. Die beige Sitzgruppe fand wie durch ein Wunder zusammen. Fiona Thyssen-Bornemisza bestellte ursprünglich alle Elemente bei Wittmann in Wien. Doch das Sofa wurde vor der Lieferung aus der Fabrik gestohlen. Da erinnerte sie sich an ein ähnliches Modell, das sie in einem Einrichtungsgeschäft unten im Tal gesehen hatte. Sie ließ es kommen. Die Bezugstoffe waren zwar nicht die genau gleichen, aber das Ensemble passt dennoch zusammen. Den Teppich aus dicker, grauer und beiger Wolle entdeckte sie im Einrichtungsgeschäft Cosset auf Mykonos. Zusammen mit drei Sitzkissen, die wie

IN IHREM FACETTENREICHEN LEBEN
RICHTETE FIONA THYSSEN-BORNEMISZA
SO MANCHES HAUS EIN. DIE ARBEIT
AN DEN GRUNDRISSEN UND DER
MÖBLIERUNG BEREITETE IHR IMMER
GROSSE FREUDE.

Linke Seite: Das kleine Sofa und die beiden Sessel wurden bei Wittmann in Wien gekauft, der Viersitzer kam von einem Händler im Tal. Teppich und Hocker fand die Hausherrin auf Mykonos.
Oben: In einem großen Regal stehen Bücher, Erinnerungsstücke, gerahmte Fotografien und Kunsthandwerk. Das naive Vogelmotiv malte ein junger jamaikanischer Künstler.
Rechts: Durch eine Glaslinse dürfen Gäste kostbare Tischuhren begutachten.

OBWOHL SIE IM ALLTAG EINE OFFENE KÜCHE BEVORZUGT, KANN DIE HAUSHERRIN BEI BESUCH EINEN WANDSCHIRM ALS RAUMTRENNER NUTZEN.

Oben: Im Essbereich stehen Chromstühle von Willy Rizzo an einem modernen schwarz gebeizten Eichentisch aus den Niederlanden.
Links: Auf der dem Eingang zugewandten Seite des Holzkubus ist ein Büro eingerichtet. Milchglasscheiben fangen das Tageslicht ein.
Rechte Seite: Die Wurzelskulpturen bilden einen interessanten Blickfang. Fiona Thyssen-Bornemisza kaufte sie auf Mykonos und ließ sie in die Schweiz liefern. Das Entree verschönert eine Winterszene.

Steine aussehen, aber aus Filz hergestellt sind, und drei schwarzen Wurzelskulpturen wurden sie in die Schweiz gebracht. Neu ist auch der lange Esstisch aus schwarz gebeiztem Eichenholz. An ihm stehen Stühle, die die Hausherrin vor mehr als 30 Jahren bei Willy Rizzo in Rom kaufte. Sie sind heute gesuchte Sammlerstücke, ebenso wie der Spieltisch, den Joe Colombo 1968 für Zanotta entwarf. Ein Original davon steht am Fenster.

Die Kunst im Haus folgt keinem einheitlichen Stil. Manche Werke besitzt sie schon seit Jahrzehnten, wie die in den 1950er-Jahren entstandene abstrakte Komposition von Jean Lefebure, andere erwarb sie in jüngster Zeit, beispielsweise eine Pferdezeichnung des chinesischen Künstlers Zeng Shanqing oder das grau-weiße Vogelgemälde eines jungen jamaikanischen Malers.

Auf seinen Einsatz wartet ein vierteiliger Designer-Wandschirm, mit dem die Hausherrin die offene Küche abtrennen könnte, wenn Gäste zu Besuch sind. Kommen Freundinnen zum Kaffee, wird nicht nur Süßes aufgedeckt, sondern auch ein altes, handbemaltes Meißen-Service. Sie erbte es von ihrer Mutter, die es einst direkt in der Manufaktur kaufte. Ihr Mann Keith McNeill Campbell-Walter wurde nach dem Zweiten Weltkrieg nach Deutschland berufen, um beim Wiederaufbau zu helfen. Die Familie begleitete ihn auch auf seinen Reisen nach Ostdeutschland, wo er mit den sowjetischen Besatzungsmächten verhandelte.

Gruben

LANDLIEBE

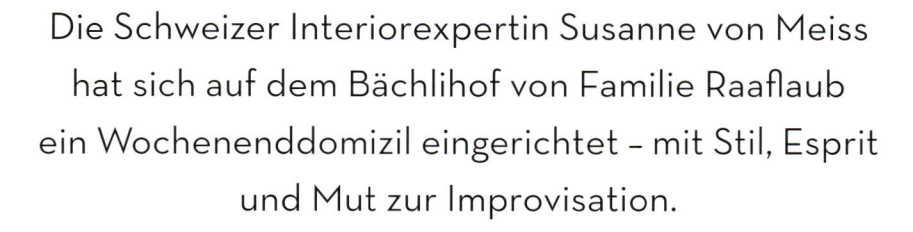

Die Schweizer Interiorexpertin Susanne von Meiss hat sich auf dem Bächlihof von Familie Raaflaub ein Wochenenddomizil eingerichtet – mit Stil, Esprit und Mut zur Improvisation.

Ich bin ein absoluter Stadtmensch, liebe London, Paris, New York, aber auch exotische Destinationen. Am wohlsten fühle ich mich, wenn es laut ist, viele Leute auf der Straße sind und man überall andere Gerüche in der Nase hat«, sagt Susanne von Meiss. Folglich stört es sie nicht, dass die Kühe direkt neben ihrem Küchenfenster auf der Weide stehen oder der Hahn immer genau dann am Nachmittag kräht, wenn auf dem geschäftigen Hof für ein paar Stunden Ruhe eingekehrt ist. »Hier wird gearbeitet. Hier passiert etwas. Nirgends sonst könnte ich mir das Leben in Gstaad vorstellen«, fügt die temperamentvolle Züricherin an. Kommt sie nach einer arbeitsreichen Woche mit ihrem Mann hierher, dann würde sie »total herunterfahren und entspannen«. Auch das brauchen Kosmopoliten bisweilen.

Der Traum von einer Bleibe in Gstaad war zunächst ein geheimer. 25 Jahre hatte Susanne von Meiss mit ihrer Familie die Skiferien in Klosters verbracht. Das war

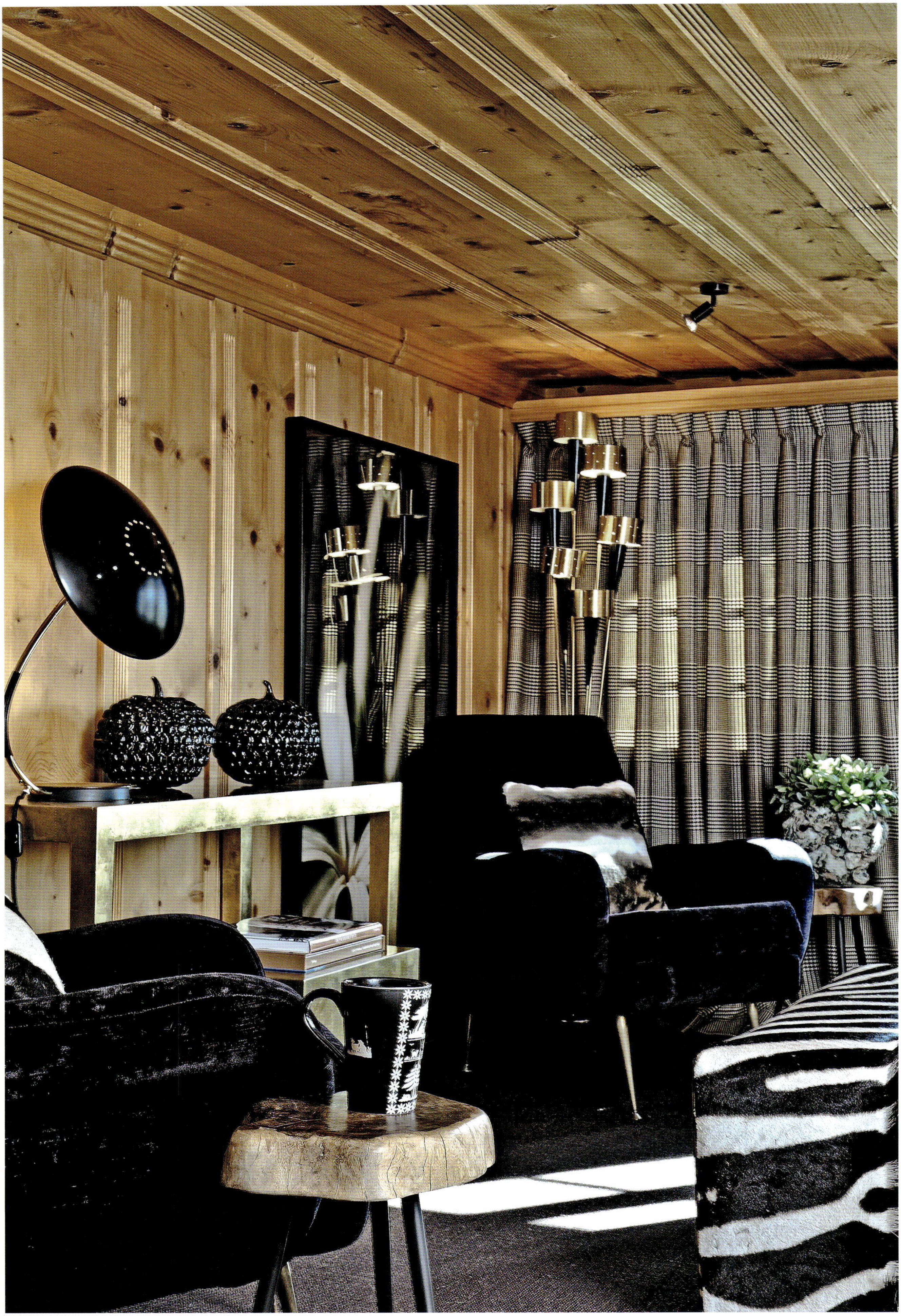

EIN KLEIN WENIG GLAMOUR ZOG AUCH UNTER DEN DACHSCHRÄGEN AUS TANNENHOLZ EIN. DABEI NUTZTE SUSANNE VON MEISS BESONDERS IHR TALENT, MIT FARBEN UND STOFFEN UMZUGEHEN.

Vorherige Doppelseite: Im Wohnzimmer stehen sich ein weißes Leinensofa und zwei Vintage-Sessel gegenüber. Eine mit Zebrafell bezogene Sitzbank sorgt für Kontraste.
Linke Seite: Zur typischen Holzvertäfelung des Chalets kombinierte die Züricherin Wolltuch, Samt und Fell.
Oben: Die Nische unter dem Dach wurde zu einem gemütlichen Schlafplatz.
Rechts: Überall hängen Fotografien aus der eigenen Sammlung.

praktisch, weil nicht weit von Zürich entfernt und sportlich überzeugend: »Dort gibt es den besten Pulverschnee und die schönsten Abfahrten neben der Piste. Unser Bergführer Bruno begleitet uns bis heute«, erzählt sie. Doch als ihre beiden Töchter aus dem Haus waren, gelüstete es auch die Mutter nach Neuem. Warum nicht in den Bergen anfangen? Nach einem Besuch bei Freunden im Berner Oberland war ihr die Schönheit der Landschaft einfach nicht mehr aus dem Kopf gegangen. Darum abonnierte sie im Sommer 2008 den *Anzeiger von Saanen*. Ihrem Mann sagte sie nichts, vermutete sie doch, er würde ihre Idee nicht gutheißen. Als sie schließlich eine Immobilienanzeige entdeckte, die ihr zusagte, musste sie ihn doch einweihen.

Ausgeschrieben war eine Dachgeschosswohnung mit drei Schlafzimmern auf dem Bauernhof. Der Besichtigungstermin sollte am kommenden Wochenende sein.

Da wollte Susanne von Meiss, eine bekannte Schweizer Lifestyle-Journalistin und Buchautorin, aber für eine Reportage nach Tel Aviv fliegen. Es blieb ihr nichts anderes übrig, als ihren Mann zu bitten, sich die Wohnung anzuschauen. Der ging – weil er wusste, wie zwecklos es ist, seiner Frau zu widersprechen, wenn sie sich etwas in den Kopf gesetzt hat. So kam das Ehepaar zu einer kleinen Dachwohnung in Gruben bei Gstaad.

Der Besitzer des alten Chalets ist die Familie Raaflaub, die schon seit fünf Generationen in Gruben wirtschaftet. Thomas und seine aus München stammende Frau Katrin übernahmen den Bächlihof 2012 von seinen Eltern. Im Sommer stehen auf ihrer Alp an die 100 Stück Vieh: 50 Milchkühe, zwei Dutzend Schweine, Rinder, Kälber und Ziegen. Über den Winter reduziert sich die Zahl der Kühe auf 25, dazu kommen sechs Hühner, ein Hahn und eine Katze. Mittendrin springen die beiden kleinen Söhne Janis und David. Ihre Großeltern bauten sich schon 2006 ein »Stöckli« oberhalb von Stall und Scheune. So wurde im Haupthaus das Dachgeschoss frei, sehr zur Freude von Familie Meiss, die dazu noch allmorgendlich mit frischer Milch, Eiern und selbst gemachtem Käse verwöhnt wird. Zwar geht der größte Teil des Berner Alpkäses direkt von der Alp an die Molkereigenossenschaft Schönried, etwa 50 Laib kommen jedoch auf den Hof. Dort reifen sie zunächst im Keller und später bis zu zwei weitere Jahre im Käsegaden unter dem Dach. So entsteht der würzige Berner Hobelkäse, den die Bauernfamilie selbst vermarktet und ab Hof verkauft. Weil die jungen Raaflaubs auch sonst einiges anders machen als die umliegenden Betriebe, haben sie ihren alten Stall zu einer Gaststube umgebaut: »L'Écurie«. Die kann man auf Anfrage mieten. Das Ehepaar von Meiss bittet dort jeweils im Februar seine Freunde zu einem großen Käseessen, das von der Familie Raaflaub liebevoll orchestriert wird. Sogar Tina Turner saß an einem dieser Abende schon vor der alten Futterkrippe – worauf die Raaflaubs ganz besonders stolz sind.

Ein klein wenig Glamour zog auch unter den Dachschrägen aus Tannenholz ein. Susanne von Meiss, die nebst ihrer publizistischen Arbeit als Interiordesignerin tätig ist, trimmte die Räume mit viel Geschick auf ihre Linie. Dabei nutzte sie besonders ihr Talent, mit Farben und Stoffen umzugehen. Manch dunkle Ecke bekam mit Loden, Samt oder Leinen neue Textur. Reichlich Fell schafft Hüttenstimmung. Im Kontrast dazu stehen Möbel und Leuchten, Vintage-Stücke aus den 1950er- und 1960er- Jahren. Offensichtlich wird noch eine andere Leidenschaft der Bewohnerin: die Fotografie. Überall in der Wohnung hängen Aufnahmen aus ihrer Sammlung.

Die schönsten Bilder sind die, die man im Herzen trägt. Susanne von Meiss erinnert sich lebhaft an den 1. August 2014, als sie den Schweizer Nationalfeiertag auf der Alp Le Creux von Thomas und Katrin Raaflaub erlebte: »In 1600 Metern Höhe wurde gegessen, Alphorn geblasen und ein Höhenfeuer entfacht. Es brannte bis tief in die Nacht. Der Blick ins Tal und auf unzählige andere Flammensäulen rundum war grandios.«

Linke Seite: Im ehemaligen Stall richtete die Familie Raaflaub die Gaststube »L'Écurie« ein. Die Besucher sitzen vor den alten Futterplätzen. Eine Reihe Kuhglocken erinnert an die vormaligen tierischen Bewohner.
Rechts: Das Chalet wurde 1782 erbaut. In seinem Steinsockel liegt der Käsekeller.

LAUENEN

AM ENDE DES TALS

Die in London lebende Architektin Christina Seilern wagte mit Beton und Glas eine Neuinterpretation des Chalets. In ihrem Haus bringt ein zentraler Treppenschacht viel Licht in sonst eher düstere Räume.

Man kann das Postauto nehmen oder zu Fuß gehen. Über hügelige Wiesen und steinige Pfade, vorbei an weiten Schilfflächen, entlang des Louibachs. Durch lichte Erlenhaine und grüne Fichtenwälder, bis hinauf zum Lauenensee. Auf 1381 Metern, dort wo die Straße endet, ist die Landschaft so einnehmend, dass man einer alten Legende Glauben schenken mag. Gott soll bei der Schöpfung eine kleine Ruhepause eingelegt und sich mit der Hand auf der Erde abgestützt haben. Seine Finger drückten fünf Täler in das Land. Der Daumen grub sich vor den Pass von Saanenmöser, der Zeigefinger bildete das Turbachtal, der Mittelfinger das Tal nach Lauenen, der Ringfinger das Tal nach Gsteig und der kleine Finger das Chalberhöni. In ihrem Zentrum entwickelte sich Gstaad.

Dass Christina Seilern sich mit ihrer Familie in Lauenen niedergelassen hat, ist kein Zufall. Für sie strahlt das Dorf eine ganz besondere Atmosphäre aus: »Seine abgeschiedene Lage am Ende des Tals führte zu einer starken Identität. Wer hierherkommt, muss das Vorhandene respektieren.« Die Architektin mag Orte mit Charakter, weil sie sie vor Aufgaben stellen, die nicht im Schnelldurchgang zu bewältigen sind. Mit Vorliebe vertieft sie sich in Recherchen und setzt sich intensiv mit einer Fragestellung auseinander. Das kann, je nach Thematik, schon mal ein paar Jahre in Anspruch nehmen. Zusammen mit zwei Dutzend Mitarbeiterinnen und Mitarbeitern entwirft sie in London Projekte, die auf der ganzen Welt realisiert werden. Gleich mehrere Preise erhielt sie für ein Wohnhaus in Simbabwe, das auf einem riesigen Granitfelsen hoch über einem Wasserreservoir zu stehen kam. Auf der griechischen Insel Meganisi plant sie für einen englischen Investor ein weitläufiges Luxusresort. Im litauischen Vilnius transformiert sie ein altes Kloster aus dem 16. Jahrhundert, das von der UNESCO zum Weltkulturerbe ernannt wurde, in einen modernen Komplex für Wohnen, Arbeiten, Freizeit und Unterhaltung. »Die anspruchsvollste Aufgabe ist es, Neu und Alt miteinander zu verbinden. Wir wollen das Historische nicht imitieren, sondern sinnvoll ergänzen. Ehrlichkeit ist wichtig«, erklärt sie.

Auch für ihr Ferienhaus in der Schweiz fand die Architektin einen eigenen Weg, mit den Gegebenheiten umzugehen. Ihre Mutter, die damals noch in der Nähe von Genf wohnte, hatte ein lang gezogenes Grundstück am Hang über Lauenen ausfindig gemacht. Gemeinsam mit ihrem Schwiegersohn erwog sie, es zu kaufen und zu bebauen. Die Tochter wurde erst in letzter Minute eingeweiht. Doch schon ein schneller Blick über die Pläne sagte ihr: Die Sache würde interessant werden. Zuerst musste jedoch die Pflicht absolviert werden. Damit drei frei stehende Chalets und eine sie verbindende unterirdische Garage entstehen konnten, sollte die Parzelle aufgeteilt werden. Dafür arbeitete Studio Seilern Architects mit Hauswirth Architektur und Jaggi & Partner zusammen. Die beiden Gstaader Büros brachten spezifisches Wissen zu den hiesigen Baugesetzen und Verordnungen ein. Während die Machbarkeitsstudie erstellt wurde, konnte sich Christina Seilern grundlegend mit der Chalet-Tradition des Saanenlands auseinandersetzen. Sie vertiefte sich in die Besonderheiten der Gebäude, fotografierte ihre Fassaden und Dachformen, sichtete die wenige Fachliteratur, die sie finden konnte, und befragte einheimische Handwerker.

Ihr fiel auf, dass die Häuser, die früher – abgesehen von einem steinernen Sockel – in Blockbauweise aus Holz errichtet wurden, heute meist in Beton ausgeführt werden. Nur das Dach entspricht noch der gleichen Konstruktion wie vor 100 Jahren. Damit die Gebäude aber ihren Schein wahren, werden sie von außen wie im Inneren mit Holz verkleidet. Das gefiel Christina Seilern nicht. Zumindest in ihrem Haus – sie wählte das mittlere von drei – sollte man die tatsächlich verwendeten Werkstoffe sehen. Also plante sie einen Großteil der Wände und Decken in Sichtbeton. Der Maurer erkundigte sich bei ihr ein ums andere Mal, ob dies auch ernst gemeint sei. Als sie ihn damit beauftragte, Muster in verschiedenen Graustufen und mit unterschiedlicher Körnung herzustellen, begann er zu verstehen.

Bei der Anlage der Grundrisse setzte die Architektin jedoch ein althergebrachtes Prinzip ein. Zu früherer Zeit lagen seitlich der Häuser hölzerne, luftige Lauben, die der Aufbewahrung von Lebensmitteln dienten. Im Hause Seilern, das über ein Außenmaß von 10 x 15 Metern verfügt, wurden an dieser Stelle die Schlafzimmer untergebracht. Das Erdgeschoss, in dem Esszimmer, Küche und Wohnraum liegen, konnte so offen und durchgängig gestaltet werden. Sorge bereitete der 45-Jährigen allerdings die bescheidene Lichtsituation. »Wegen der kleinen Fenster, die ja in früherer Zeit durchaus sinnvoll waren, weil das Chalet dadurch weniger Wärmeverluste hatte, sind die Räume viel zu dunkel. Zudem steht das halbe Gebäude durch die Hanglage im Berg und öffnet sich nur zum Tal hin. Bei einer Deckenhöhe von 2,40 Metern hat das schon etwas Bedrückendes«, findet sie.

Mit zwei Maßnahmen löste Christina Seilern das Problem. Ins Zentrum des Hauses wurde ein Schacht gesetzt, der von einem Oberlicht im Dach bis in die erste Etage, wo der bergseitige Eingang liegt, reicht. Unter

Vorherige Doppelseite: Auf einer Seite der Glastreppe befinden sich die offene Küche und der Essplatz. Auf der anderen Seite liegt das Wohnzimmer.
Linke Seite: Zwei bunte Sessel von Gerrit Rietveld setzen Akzente.
Oben: Die Treppe führt vom zweiten Stock hinunter in den Wohnraum.

dem Schacht führt eine Treppe mit Wangen aus dicken Glasscheiben in den Wohnraum. In sie wurden die Holztritte eingehängt. »Ich fand, eine Treppe müsse mehr können, als nur Leute nach oben und unten zu bringen. Darum wählten wir Milchglas. Es besitzt die Eigenschaft, Licht zu leiten. Das zeigt sich dann, wenn die Sonne scheint und die Helligkeit bis ins Erdgeschoss gelangt. Zusätzlich sind am Fuß der Glasscheiben LEDs installiert, die die Treppe in der Nacht zu einem Leuchtobjekt werden lassen«, erklärt Christina Seilern. Doch sie wäre keine preisgekrönte Architektin, hätte sie ihren Entwurf nicht noch weiter auf die Spitze getrieben: Im Ausschnitt über der Treppe läuft eine ovale Brücke als skulpturales Element von Wand zu Wand. Es handelt sich dabei um einen Tunnel, der im Apartment im Dachgeschoss das Schlafzimmer mit dem Wohnzimmer verbindet.

Christina Seilern wurde in Lausanne als Tochter eines Österreichers und einer Deutschen geboren. Sie wuchs in Nyon am Westufer des Genfer Sees auf und verbrachte die Winter von klein auf in den Bergen. Mit 18 Jahren ging sie zum Studieren in die USA. »Mein Vater sagte mir, ich solle Architektin oder Journalistin werden. Doch ich hatte anderes im Kopf. Mein Interesse galt damals der Biologie«, erzählt sie. Beim Grundstudium am MIT, dem Massachusetts Institute of Technology in Boston, entdeckte sie dann aber doch ihre Liebe zur Architektur – und blieb dabei. Den Master absolvierte sie nach einem Zwischenstopp in Paris an der Columbia University in New York und arbeitete danach zehn Jahre im Büro des bekannten uruguayischen Architekten Rafael Viñoly. Mit ihrem Ehemann Dimitri Goulandris kam sie schließlich nach London, wo ihre drei Kinder geboren wurden. 2005 gründete sie ihr eigenes Büro.

»ICH FAND, EINE TREPPE MÜSSE MEHR
KÖNNEN, ALS NUR LEUTE NACH OBEN UND
UNTEN ZU BRINGEN. DARUM WÄHLTEN
WIR MILCHGLAS. ES BESITZT DIE EIGEN-
SCHAFT, LICHT ZU LEITEN.«

Linke Seite: Passend zu den Wandverschalungen wurde auch der Esstisch aus rohem Holz gefertigt. Die Stühle tragen graues Wolltuch.
Oben: Die Küche liegt hinter einer Durchreiche, die bei Bedarf geschlossen werden kann. Davor steht eine Theke von Boffi.
Rechts: Die Glaswangen der Treppe sind von unten mit LEDs beleuchtet.

Oben: Für ihr Schlafzimmer fand Christina Seilern ein Original des Papa Chairs von Hans J. Wegner.
Rechts: m Bad kamen Holz und schwarzer Stein zum Einsatz.
Rechte Seite: Das Kinderzimmer im Erdgeschoss wurden mit gemütlichen Kajütenbetten ausgestattet.
Nächste Doppelseite: Das Tal von Lauenen kann man getrost als eines der schönsten der Region bezeichnen.

»ES REICHT, EINEM RAUM MIT WENIGEN UNGEWÖHNLICHEN MÖBELSTÜCKEN AUSSTRAHLUNG ZU GEBEN.«

Das Chalet in Lauenen war eines der ersten Projekte, die sie als selbstständige Architektin betreute.

Für den Innenausbau wurde helles Fichtenholz gewählt. Seine unregelmäßige Struktur erhielt es durch dämpfen und hacken. Der Boden ist aus glatter, gekalkter Eiche. Vor der Küche, die hinter einer Durchreiche verschwindet, sobald die hölzernen Läden zugezogen sind, steht eine mit grauem Stein verblendete Insel von Boffi. Ton in Ton wählte man auch das Wolltuch für die Vorhänge und die Bezüge der Polstermöbel. Auf jeglichen Zierrat wurde verzichtet. »Es reicht, einem Raum mit wenigen ungewöhnlichen Möbelstücken Ausstrahlung zu geben«, erklärt die Hausherrin. Das gelang ihr in ihrem eigenen Schlafzimmer mit einem Original des Papa Chairs, 1951 vom dänischen Designer Hans J. Wegner entworfen. Im Wohnzimmer nehmen die Sessel »Utrecht« von Gerrit Rietveld die Hauptrolle ein. Einer ist Rot, der andere orange. Ihre Farben tauchen im Bild, das über dem offenen Kamin hängt, und in einem Glasobjekt vor dem Fenster wieder auf. Der für die Auswahl verantwortliche Kunstexperte ist Christina Seilerns griechischer Ehemann.

Das Zentrum der Sitzgruppe bilden drei übereinandergestapelte Holzpaletten, die von der Baustelle stammen. Sie bilden einen Wohnzimmertisch auf zwei Ebenen. Als Dimitri Goulandris Vater kurz nach der Fertigstellung des Chalets im Jahr 2008 zu Besuch kam, fragte er, ob die unkonventionelle Installation nicht vielleicht eine Übergangslösung sei. »Aber nein«, erklärt die Architektin noch heute. »Es muss nicht immer alles neu und teuer sein. Zu viel Geld kann ein Projekt ruinieren. Die Stärke liegt in der Idee, die dahintersteht.«

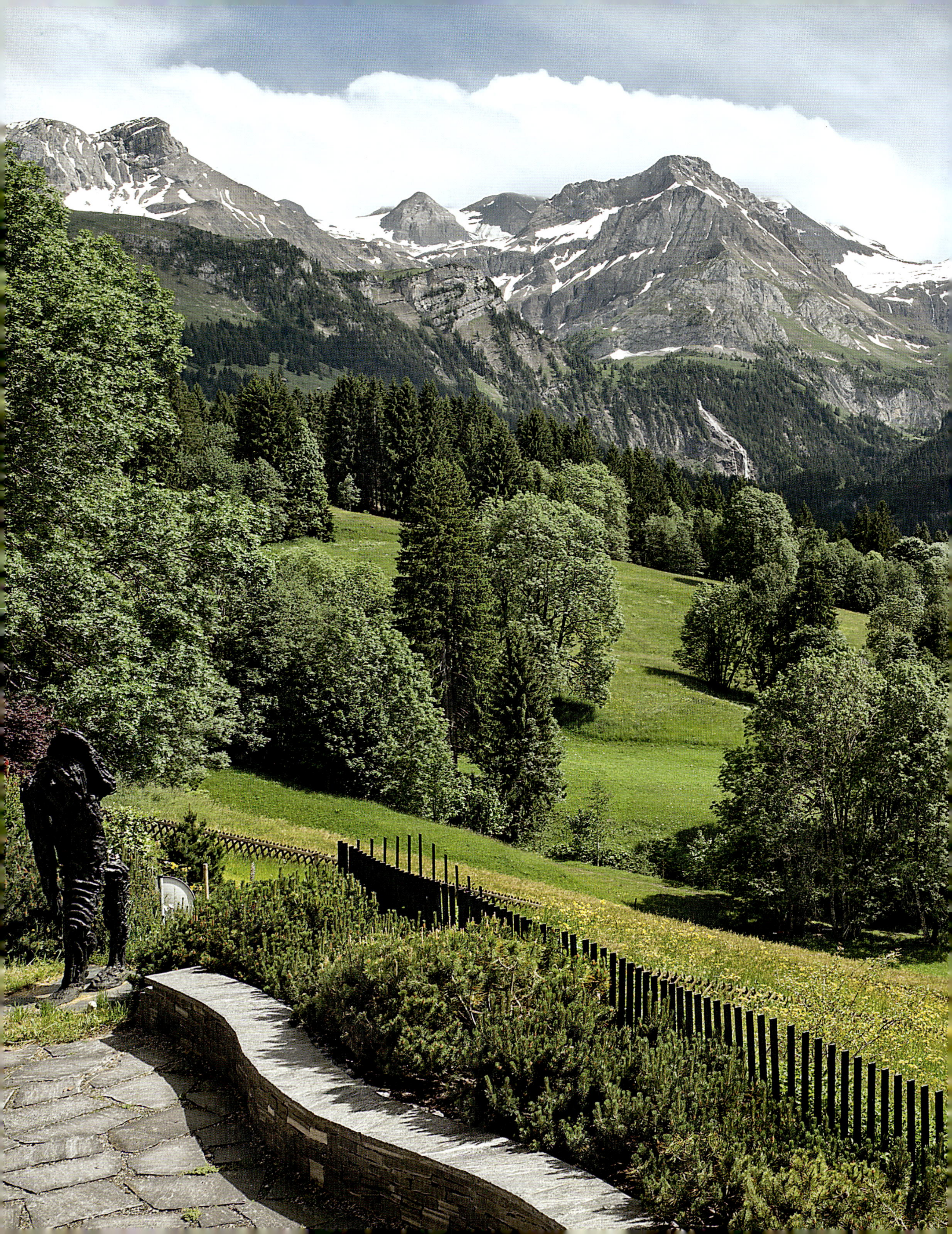

Deutsche Originalausgabe
Copyright © 2015 von dem Knesebeck GmbH & Co. Verlag KG, München
Ein Unternehmen der La Martinière Groupe

Fotografien © 2015 Reto Guntli und Agi Simoes, soweit nicht anders angegeben
Texte © 2015 Christine Marie Halter-Oppelt
Die Fotografien wurden freundlicher Weise zur Verfügung gestellt: S. 214 © Emma Hardy
S. 217, 219, 221 © Richard Power

Gestaltung und Satz: Leonore Höfer, Knesebeck-Verlag
Herstellung: VerlagsService Dietmar Schmitz GmbH, Heimstetten
Lithografie: Reproline mediateam, München/Unterföhring
Druck: Print Consult, München
Printed in the EU

ISBN 978-3-86873-862-9
Alle Rechte vorbehalten, auch auszugsweise.
www.knesebeck-verlag.de